DIE HUMPLIK-KUR

DIE HUMPLIK-KUR

Schlank ohne Fasten, Anstrengung und Medikamente

von

Dr. Heinz Humplik

und

Käte Humplik

Mit einem Vorwort von Univ.-Professor Dr. Oswald Jahn
Universitätsklinik für Arbeitsmedizin, Wien

5., neubearbeitete und erweiterte Auflage
von
Dr. Heinz Lütgendorff-Gyllenstorm

1992

Verlag Wilhelm Maudrich
Wien - München - Bern

Dr. Heinz Lütgendorff-Gyllenstorm
Facharzt für Innere Medizin
Endresstraße 13
A-1230 Wien

Printed in Austria

Graphische Gestaltung und Einband:
Gerhard Neumann
1081 Wien, Schlesingerplatz 5

Filmsatz und Offsetdruck:
Ferdinand Berger & Söhne Gesellschaft m. b. H.
3580 Horn, Wiener Straße 80

ISBN 3-85175-589-8

Inhaltsverzeichnis

Vorwort des Verlages 7
Vorwort 9
Vorwort zur 5. Auflage 13
Einleitung 15
Das Übergewicht 23
Die Verdauung 37
Die unrationelle Ernährung 59
= Ernährung, die das Gewicht senkt
= Grundform der Humplik-Kur
Die rationelle Ernährung 69
= Ernährung, die das Gewicht steigert
Der Appetit 73
Ziel der Humplik-Kur 77
Durchführung der Humplik-Kur 81
Die Testdiät 103
Anregungen für den Speisezettel 107
Ein Beispiel 115

Vorwort des Verlages

Als 1965 unter dem Titel „Das überwundene Übergewicht – Die Humplik-Kur“ das Buch von Bruno Flajnik erschien, fand die Monographie eine überaus starke Beachtung und war innerhalb kurzer Zeit vergriffen.

Durch den Tod des Autors war eine Neuauflage vorerst nicht möglich. Dr. Heinz Humpliks Erfolge, die nun auch von seinen Kritikern nicht mehr bezweifelt werden konnten, ließen immer mehr übergewichtige Patienten, bei denen die meisten der bisher empfohlenen „Abmagerungskuren“ erfolglos blieben, nach diesem Buch suchen. Die große Nachfrage veranlaßte uns, 1970 an Dr. Humplik mit der Bitte, selbst eine Neuauflage zu verfassen, heranzutreten, dies umso mehr, als sich viele Nachahmer fanden, die seine Methode unzureichend beziehungsweise falsch, interpretierten.

Dem oft geäußerten Wunsch der Patienten entsprechend, wurde der praktische Teil wesentlich erweitert und von Frau Käte Humplik mit Anregungen für den Speisezettel ergänzt.

Inzwischen sind einundzwanzig Jahre vergangen, in denen das Buch bereits in weiteren vier Auflagen erschienen ist und vielen tausenden Übergewichtigen mit ihren gewichtsbedingten Leiden geholfen hat.

Durch den frühen Tod des Autors konnte unsachgemäßer Kritik und falscher Interpretation dieser außergewöhnlich erfolgreichen und bewährten Methode, durch nur mangelhaft informierte „Fachleute", nicht wirksam begegnet werden.

Dr. Heinz Lütgendorff-Gyllenstorm, Facharzt für Innere Medizin, der seit vielen Jahren als Vertrauensarzt der KFA Wien seinen Patienten die Humplik-Kur empfiehlt und mit ihr großartige Erfolge erzielt, hat sich bereit erklärt, die vorliegende 5. Auflage neu zu bearbeiten und auch die in den letzten zwanzig Jahren gewonnenen Erfahrungen zu berücksichtigen.

Dieses Buch hat bereits in den vergangenen Jahrzehnten vielen tausenden Patienten mit größtem Erfolg geholfen, ihr Idealgewicht und ihre Gesundheit wieder zu erlangen und auch zu erhalten.

Wir hoffen, daß diese bewährte und erprobte Methode auch in Zukunft noch vielen Übergewichtigen helfen wird, ihr Leben wieder gesund, agil und glücklich zu genießen.

Vorwort

Die Sonderstellung der „Humplik-Diät“ unter den anderen Diäten zur Gewichtsabnahme beruht auf dem Verzicht der kalorienmäßig begrenzten Zufuhr der Nahrungsmittel. Die Nahrungsmengen werden also nicht nach der Tabelle und Küchenwaage eingeteilt – sondern der Appetit, „die innere Waage“, ist das Maß und die Grenze bei den einzelnen Mahlzeiten.

Humpliks Theorie basiert auf der Annahme, daß der Energieaufwand im Verdauungstrakt zum Aufschluß der Nahrungsmittel unterschiedlich ist. Je einfacher der Aufschluß einer Speise, desto größer der absolute Energiegewinn, – je schwieriger der Aufschluß, desto geringer der Energiegewinn. Dies kann bis zur Energieschuld gehen, d. h. der Körper muß Energie aus den Depots (= Fettspeicher) zum Abbau mobilisieren.

Vielleicht kommt dem Insulin, einem Hormon, das für die Zuckerkrankheit verantwortlich ist, hier auch eine Schlüsselstellung zu, denn die Nahrungsmittel, die Humplik bei der Gewichtsabnahme verbietet (er nennt sie „rationell“), führen zu einem höheren Anstieg des Insulinspiegels nach der Nahrungsaufnahme als die sogenannten „unrationellen“. Nun steigert Insulin auch den Fettanbau und das Hungergefühl durch die Senkung des Blutzuckerspiegels: beides wesentliche Faktoren, die zur Erhaltung der Adipositas verantwortlich gemacht werden. Hält man die „unrationelle“ Diät ein, so wird weniger Insulin stimuliert und der Kreis unterbrochen, der zum Übergewicht führt bzw. dieses unterhält. Bei erreichtem Idealgewicht soll die Umstellung der Stoffwechselreaktion zur Norm nach ca. einem halben Jahr erfolgen, sodaß jetzt auch bei Lockerung der Diät keine Gewichtszunahme stattfindet.

Dieser Mechanismus erklärt auch den günstigen Einfluß der „Humplik-Diät“ bei Zuckerkranken, welche die Diät nur unter ärztlicher Kontrolle durchführen sollten. Waren bereits Medikamente zur Behandlung der Zuckerkrankheit notwendig gewesen, so müssen diese bei Einhaltung der Diät reduziert werden, d. h. die Zukkerkrankheit muß neu eingestellt werden. Dies kann jedoch nur der Arzt entscheiden. Auch Übergewichtige mit Darmerkrankungen oder Gallenleiden sollten besondere Vorsicht bei der Auswahl der Speisen walten lassen. Ärztliche Aufsicht ist auch für Patienten notwendig, die an Gicht erkrankt sind.

Die „Humplik-Diät“ ist sicherlich keine „billige“ Diät; denn die erlaubten Nahrungsmittel (Fleisch, Obst) sind teurer als die „rationellen“ Grundnahrungsmittel wie Brot, Kartoffeln und dgl. Dieses Argument – nämlich das finanzielle Opfer – sollte jedoch in der Zeit der Prophylaxe, der Vorbeugungsmedizin, nicht gelten. Denn Übergewicht ist ein Risikofaktor bei verschiedenen Erkrankungen wie Infarkt, Gefäßstörungen u.a. Es lohnt sich also doch, sein „Idealgewicht“ zu haben und zu halten.

Dr. Heinz Humplik starb am 16. September 1971 noch vor dem Erscheinen seiner letzten wissenschaftlichen Publikation, worin er die Grundzüge seiner Diät neuerlich aufzeigte. Er war ein hervorragender Arzt und großer Menschenkenner, der sich gänzlich für seine Patienten einsetzte.

Univ.-Professor Dr. Oswald Jahn
Universitätsklinik für Arbeitsmedizin, Wien

Dem großen Wiener Arzt Dr. Heinz Humplik

Vorwort

zur 5., neubearbeiteten und erweiterten Auflage

Liebe Leserin, lieber Leser!

Die Humplik-Kur ist eine wunderbare Diät! Sie ist so außergewöhnlich, daß man sie mit anderen Diäten nicht vergleichen kann. Sie hat nichts zu tun mit Hungern, Fasten, FdH oder sonstigen Reduktionsdiäten.

Meine fünfzehnjährige Erfahrung mit ihr bedeutet mir sehr viel! Wenn diese Diät richtig durchgeführt wird, so folgt beim übergewichtigen Patienten eine sichere Gewichtsabnahme. Man kann dem Patienten versprechen, daß die Diät bestens funktioniert. Als verläßliche Therapie macht sie den Patienten und mir ständig Freude.

Die Humplik-Kur stellt eine Revolution dar auf dem Gebiet der Diäten gegen Übergewicht. Ihrem Schöpfer, Herrn Dr. Heinz Humplik, wurde der Van Swieten-Preis verliehen. Die Diät ist sehr gesund und kann von allen Übergewichtigen, auch von Kindern, Schwangeren, alten Menschen, Schwerarbeitern und Sportlern gemacht werden. Es entstehen keinerlei Nachteile, auch nicht für Muskeln, Nerven, Haut oder Magen.

Die Leser dieses Buches bitte ich um Anregungen, Vorschläge und konstruktive Kritik. Im Rahmen einer weiteren Auflage könnte dann auf diese Stellungnahmen eingegangen werden.

Ich danke besonders Herrn Gerhard Neumann, der die grafische Gestaltung des Textes und des Einbandes, anläßlich dieser neu überarbeiteten Auflage, übernommen und so überaus geschmackvoll durchgeführt hat.

Ich wünsche den übergewichtigen Lesern Ausdauer und viel Erfolg beim Abnehmen.

Möge die Humplik-Kur weiterhin viele Patienten gesund und glücklich machen!

Dr. Heinz Lütgendorff-Gyllenstorm
Facharzt für Innere Medizin

Einleitung

Wer mit der Humplik-Kur erfolgreich abnehmen möchte, der sollte diese Diät unbedingt verstehen. Nur wenn man das Prinzip kennt, wird man die neuen Ratschläge bereitwillig befolgen.

Im Rahmen der Humplik-Kur wird alles Eßbare und Trinkbare in 2 Gruppen eingeteilt:

In der Gruppe 1 (= unrationelle Ernährung) ist alles angegeben, was das Gewicht senkt, bzw. dieses nicht heben kann. Die Nahrungsmittel sind so aufgebaut oder werden so zubereitet, daß der Körper stundenlang arbeiten muß, um sie zu verdauen. Ein Beispiel dafür ist das harte Ei, das erst nach 6 Stunden verdaut ist. Der Körper ist gezwungen die Fettreserven abzubauen, um genug Energie zur Verarbeitung der Nahrungsmittel zu gewinnen: Man nimmt ab!! Alles aus der Gruppe 1 soll Tag für Tag, möglichst oft, und in größtmöglicher Menge, ganz nach Appetit, gegessen werden. Man ißt mindestens 10 mal täglich, wenn möglich öfter. Je öfter, desto besser, weil dann der Fettabbau praktisch ganztägig stattfindet. Weiters ißt man so viel, wie es der Appetit zuläßt, je mehr, desto besser, denn um noch größere Nahrungsmengen verarbeiten zu können, muß der Körper noch mehr Fett abbauen. Der Appetit ist also erwünscht und sollte immer berücksichtigt werden.

In der Gruppe 2 (= rationelle Ernährung) ist alles angegeben, was das Gewicht hebt. Die Nahrungsmittel sind so aufgebaut oder werden so zubereitet, daß der Körper kaum arbeiten muß, um sie zu verdauen. Ein Beispiel dafür ist das rohe Ei, das schon nach 1/2 Stunde verdaut ist. Oder alkoholische Getränke, die in 5 Minuten resorbiert sind. Der Körper ist nicht gezwungen die Fettreserven abzubauen, um Energie zur Verarbeitung der Nahrungsmittel zu gewinnen. Der Körper baut Fettgewebe auf: Man nimmt zu!!

Ein Satz aus den wissenschaftlichen Arbeiten Dr. Humpliks umreißt präzise die vollkommen neue Methode, die hier angewendet wird:

„Je mehr der Übergewichtige, nach der Diät gesteuert, seinem persönlichen Appetit entsprechend, unrationell ißt, desto mehr nimmt er ab – völlig unabhängig vom Kaloriengehalt dieser Nahrung".

Durch die Nahrung wird dem Körper Energie zugeführt. Er braucht diese Energie erstens zu seiner Erhaltung, zweitens zur Erneuerung seiner Zellen und drittens für alle Arbeitsleistungen, die er vollbringt.

Die Stoffe, die dazu benötigt werden, sind sämtlich in der Humplik-Diät enthalten. Es sind das neben Wasser: Eiweiß, Kohlenhydrate, Fette, Vitamine und Mineralstoffe.

Das Zählen von Kalorien, seit Jahrzehnten Hauptanliegen der meisten Schlankheitsdiäten, ist bei der Humplik-Kur überflüssig.

Dr. Humplik sagt:

Es kommt darauf an, in welcher Form Eiweiß, Kohlenhydrate, Fette, Vitamine und Mineralstoffe verabreicht werden.

Der Weg, der zum Abbau des Übergewichtes führt, ist, wie wir gerade gesehen haben, die „unrationelle" Ernährung.

Der Patient soll während der Diät wenn möglich körperlich aktiv sein, einerseits zur Stärkung des Herzens und der Muskeln, andererseits zur Erhöhung des Appetits. Dies gilt besonders für Senioren mit niedrigem Blutdruck, die, nach Konsultation ihres Arztes, nicht mehr als 1 kg pro Woche abnehmen sollten. Sehr bewährt haben sich im Zusammenhang mit einer Erhöhung der Leistungsfähigkeit die Taschenbücher „Bewegungstraining" von K. Cooper für Männer und „Bewegungstraining für die Frau" von M. Cooper aus dem Fischer Taschenbuchverlag. Diese Bücher enthalten Punkteprogramme, die ganz individuellen Leistungsaufbau ermöglichen.

Der Obstkonsum spielt bei der Diät eine große Rolle. Durch ausreichendes Essen von Obst und Karotten kann der Hunger auf Brot oder Süßigkeiten, wie z. B. Schokolade, beseitigt werden. Normalgewichtige bis 180 cm Größe benötigen täglich mindestens ein halbes Kilogramm Obst, größere ein dreiviertel Kilogramm. Übergewichtige sollten aber die doppelte Menge oder mehr essen! Wird saures Obst anfänglich nicht gut vertragen, muß man mit möglichst süßen Obstsorten und mit Gemüse den Magen erst trainieren. Schon sehr bald verträgt man wieder die säuerlichen und sauren Obstsorten.

Zuckerkranke dürfen keine Testdiät durchführen. Die vom Arzt verordneten täglichen Broteinheiten sind einzuhalten, werden aber in Form von Äpfeln, Orangen, Grapefruits und Karotten gegessen. Immer wenn 2 kg Gewicht verloren werden, darf der Patient täglich um 1 BE mehr als bis dahin essen, sodaß er z. B. nach 6 kg Gewichtsverlust schon täglich 3 BE mehr als zu Beginn der Diät essen darf.

Vor der Diät muß man Patienten mit erhöhter Harnsäure zusätzlich darauf aufmerksam machen, daß sie Leber und Herz nicht essen dürfen. Mit Normalisierung der Harnsäure dürfen diese Speisen aber als erste Innereien wieder verspeist werden.

Patienten, die erhöhte Harnsäurewerte haben oder Medikamente gegen Gicht oder Zuckerkrankheit oder für Herz oder Kreislauf einnehmen, müssen sich während der Gewichtsabnahme immer wieder bei ihrem Arzt einfinden. Mit fortschreitender Gewichtsabnahme müssen viele Medikamente reduziert bzw. abgesetzt werden!

Während der Diät dienen Laborkontrollen einerseits dem behandelnden Arzt, andererseits der Beruhigung und Überzeugung skeptischer Patienten. Durch die Verbesserung bzw. oft Normalisierung der Laborwerte (Blutzucker, Fette, Harnsäure) kann die Wirksamkeit der Humplik-Kur gut gezeigt werden. Die Laborwerte beweisen, daß bei Übergewichtigen durch die Humplik-Kur die Cholesterinwerte gesenkt werden, auch wenn die Patienten hartgekochte Eier in beliebiger Menge essen! Nur wenn jemand bedauerlicherweise diese Eier nicht verträgt, darf er sie nicht essen.

Mit der Humplik-Kur verändert sich für den Patienten eine Menge:

Das Kalorienzählen oder Joulezählen
gehört der Vergangenheit an..

Häufig und viel darf und sollte gegessen werden.

Der Appetit wird kultiviert und nicht unterdrückt.

Erhöhte Blutfette normalisieren sich meistens.

Erhöhte Harnsäurewerte nehmen gemeinsam
mit dem Gewicht ab.

Erhöhte Blutzuckerspiegel senken sich.

Die statische Belastung der Wirbelsäule
und der Gelenke wird geringer.

Erhöhte Blutdruckwerte werden gesenkt.

Das Herz wird entlastet.

Die Atmung wird erleichtert.

Die Gastritis verschwindet.

Der Darm wird widerstandsfähiger.

Völlegefühl und Verstopfung vergehen.

Psychische Veränderungen finden statt:

Das Selbstvertrauen wächst.

Die Lebensfreude steigt.

Der Bewegungsdrang nimmt zu
und Sport wird wieder aufgenommen.

Die Müdigkeit wird verscheucht.

Die Patienten kommentieren glücklich:

Ich fühle mich jünger.

Ich fühle mich so gut wie schon lange nicht.

Ich bin nicht mehr so müde.

Ich schlafe besser.

Ich muß nicht hungern.

Ich bin immer satt.

Ich bin schneller beim sportlichen Wettkampf.

Ich erhalte mehr Komplimente.

Ich kann wieder Kleidung tragen,
die mir schon zu klein geworden war.

Die Erkenntnisse des Wiener Arztes Dr. Heinz Humplik sind die Grundlage für seine umwälzende Behandlungsmethode der Übergewichtigkeit. Seine Ernährungsregeln beruhen auf jahrzehntelanger Erfahrung. Im Folgenden werden die allgemeinen, bewährten Hinweise wiedergegeben.

Mit der Humplik-Kur sind sehr viele übergewichtige Menschen geheilt worden. Zum Teil sehr schwere Fälle und auch solche, die schon alle Hoffnung aufgegeben hatten. Ohne Hunger, Medikamente und Entbehrungen wird ein normales Gewicht erreicht, das unschwer gehalten werden kann, wenn man

1. weiterhin oft ißt,

2. weiterhin ausreichend Obst ißt,

3. 1 mal täglich zu einer Hauptmahlzeit nach der Grundform der Humplik-Kur speist und sonst frei nach Herzenslust ißt. Sollte man neuerlich zunehmen, macht man so lange die Grundform der Diät, bis sich das Gewicht wieder normalisiert hat.

Grundlage dieses Buches sind die wissenschaftlichen Arbeiten Dr. Humpliks, die in diversen medizinischen Fachzeitschriften erschienen sind, sowie Vorträge, die er auf medizinischen Tagungen gehalten hat. Übersetzungen seiner Arbeiten erfolgten in englischer, französischer, italienischer, spanischer und portugiesischer Sprache.

Das Übergewicht

Normalgewicht - Idealgewicht?

Die Definition des Übergewichts ist keineswegs einfach. Kann doch schon die Grundlage, nämlich das Idealgewicht, zwar praktisch bestimmt, kaum aber theoretisch festgelegt werden.

Der deutsche Arzt von Noorden stellte eine Regel für das Normalgewicht auf. Er errechnete es durch Multiplikation der Körpergröße in cm mit 430 (untere Grenze), bzw. 480 (obere Grenze).

So läge das Normalgewicht eines Menschen von 1,70 m Größe zwischen 73,10 und 81,60 Kilogramm. Welches ist nun aber das Idealgewicht? 73 Kilogramm? Oder 81? Das ist doch ein wesentlicher Unterschied. Was hier zählt, ist allein die Körpergröße. Was nicht berücksichtigt wird, sind Alter, Geschlecht und Konstitutionstyp. Es liegt auf der Hand, daß die Ergebnisse nicht stimmen können.

Ernst Kretschmer nennt in seiner „Typologie“

drei Körperbautypen: den zartgliedrigen, schmalgebauten Leptosomen oder Astheniker – den kräftigen, muskulösen Athletiker § den rundlichen, eher langsamen Pykniker. Das wären also die Konstitutionstypen – doch auch sie reichen für eine exakte Definition von Ideal- und Übergewicht nicht aus. Wobei nicht vergessen werden darf, daß diese Typen selten rein, sondern meist in den vielfältigsten Mischformen vorkommen.

Alter und Geschlecht müssen berücksichtigt werden. Eine Gewichtszunahme von wenigen Kilogramm mit fortschreitenden Jahren ist als durchaus normal zu betrachten, ebenfalls eine Abnahme im Greisenalter. Der Knochenbau, beim Mann stärker und schwerer als bei der Frau, muß einkalkuliert werden.

Beispiele

Wiegt ein athletischer Mann mit starkem Knochenbau, 1,80 m groß, mit 20 Jahren 90 Kilogramm, mit 30 Jahren 93 und mit 50 Jahren 95, dann wird er auch in diesem Alter noch eine gute Figur haben.

Der ebenso große Astheniker, schmalbrüstig und mit zarten Gelenken, der mit 20 Jahren ein normales Gewicht von 65 Kilogramm hatte, kann aber nicht mit 30 Jahren 93 und mit 50

Jahren 95 Kilogramm wiegen, ohne reichlich Fett angesetzt zu haben und sein Übergewicht nur mühsam tragen zu können.

Wiegt eine derbe, breitknochige Pyknikerin, 1,70 m groß, mit 20 Jahren 70 Kilogramm, bei Schwangerschaft um Etliches mehr und mit 50 Jahren 74 Kilogramm, so wird ihre Gestalt großartig sein.

Die sehr zartknochige Asthenikerin dagegen, die bei gleicher Größe mit 20 Jahren 55 Kilogramm wog, darf nicht bei der ersten Schwangerschaft 75 und mit 50 Jahren 87 Kilogramm wiegen. Die Bürde ihres Übergewichts bringt sie an den Rand der Erschöpfung.

Kann man das Idealgewicht berechnen?

Da Gewicht und Übergewicht also nicht nur von bekannten Faktoren, wie Alter, Größe und Geschlecht, abhängig sind, sondern auch von einer Menge statistisch schlecht erfaßbaren Unwägbarkeiten, die vereinfacht als „Konstitutionstypen“ zusammengefaßt werden, kann man eine mit Zahlen belegte Regel für das Idealgewicht nicht aufstellen.

Wohl aber wird der versierte Arzt aus den verschiedensten Anzeichen auf das Idealgewicht schließen können. Bei Abschluß der Humplik-

Kur kann dieses mit Hilfe einer Testdiät genau festgestellt und fixiert werden.

Wie zeigt sich das Übergewicht?

Im Allgemeinen weiß natürlich jeder, ob er übergewichtig ist oder nicht.

Es sind nicht nur gesundheitliche, sondern auch ästhetische Aspekte, die bald keinen Zweifel mehr zulassen. Und der Spiegel wirkt ebenso häufig alarmierend wie die Waage.

Werden Rock- und Hosenbund zu eng, dann kann der Schneider noch helfen. Beim neuen Gewand werden gleich ein paar Zentimeter zugegeben – doch unversehens genügen auch die nicht mehr. Die Nähte platzen. Ist es dann so weit, daß man überhaupt keine fertigen Kleider mehr kaufen kann, weil selbst die Übergröße nicht ausreicht, dann sind die Gesundheitsschäden meist schon manifest. Der Arzt muß aufgesucht werden. Klug sind jene, die es nicht so weit kommen lassen. Denn das Übergewicht ist Gesundheitsfeind Nr. 1! Es zieht nahezu alle Organe in Mitleidenschaft und dies umso nachdrücklicher, je länger der Körper den Ballast tragen muß und je gewichtiger dieser ist.

Nachteile für den Körper

Wie sehr wird das Herz mitgenommen, die Leber geschädigt, die Lunge, die Niere, die

Bauchspeicheldrüse, der Magen-Darm-Trakt, die Haut. Das Gefäßsystem wird ebenso überbeansprucht wie der Kreislauf, der Stoffwechsel, das hormonelle Geschehen. Wirbelsäule und Hüfte sind dem Gewicht nicht mehr gewachsen, ebenso die Kniegelenke und die Beine, die ja alles tragen müssen.

Daß es überhaupt möglich ist, Jahre hindurch eine Menge von Pfunden mit sich herumzuschleppen wie einen übervollen Rucksack, zeigt, daß der Mensch ein sehr zähes Lebewesen ist. Wille, Pflichtgefühl und Existenzsorgen lassen ihn Unglaubliches ertragen. Würde er allerdings die Kraft, die er dafür aufbringen muß, für andere Aufgaben verwenden, so wäre das bestimmt erfreulicher und gewinnbringender.

Ein ständig überladenes Lastauto gehört bald zum alten Eisen. Der Mensch leidet, aber er bricht nicht so rasch zusammen. Die Beine wollen versagen, das Herz klopft bis zum Hals, Schweiß bricht aus und die Müdigkeit wird tödlich – doch immer noch wird gearbeitet. Wenn auch mit großer Mühe.

Immer wieder hört man: „Ich muß etwas für meine Linie tun“. Mit solchen Worten ist aber die Aktivität oft auch schon erschöpft.

Versuchsreihen in den USA zeigten, daß sich bei Übergewicht nicht nur der körperliche, sondern auch der geistige Zustand verschlechtert. Rasche Ermüdbarkeit, Konzentrationsschwäche, Gleichgültigkeit und Depression und das Unvermögen, härtere Arbeiten längere Zeit hindurch zu verrichten, wurden festgestellt.

Übergewicht bei diversen Erkrankungen

Es würde den Rahmen dieses Buches bei weitem überschreiten, wollten wir auf alle Erkrankungen eingehen, die als Folgen des Übergewichts auftreten können. Leidet ein Übergewichtiger an Magen- oder Darmbeschwerden, an Unregelmäßigkeiten des Kreislaufs, des Blutdrucks, der Herztätigkeit, an Gehbehinderung oder Zuckerkrankheit – um nur Einiges zu nennen – dann gehört er in die Hände des Arztes. Nur dieser wird entscheiden, ob das Abnehmen allein die Beschwerden ausschaltet oder ob gleichzeitig eine Behandlung mit Medikamenten nötig erscheint. Jedenfalls ist einzusehen, daß ein durch die Diät energiegeladener, energetisch „gedopter“ Organismus auch mit vorher therapieresistenten Prozessen leichter fertig wird.

Oft ist es erst der Arzt, der den Patienten darauf aufmerksam macht, daß die Anzahl seiner Kilogramm die Wurzel seiner Leiden ist.

Bedeutung des Übergewichts in der heutigen Zeit

Immer mehr nimmt die Übergewichtigkeit zu. Ihre Ausschaltung würde die durchschnittliche Lebenserwartung um 4 Jahre erhöhen – weit mehr als das Erlöschen jeder anderen Krankheit! Immer mehr gewinnt auch die Präventivmedizin an Bedeutung, die rechtzeitig Vorsorge zu treffen hat, um das Entstehen organischer Leiden zu verhüten. Stellt doch unsere Zeit an jeden Anforderungen, die produktive Kraft und höchstes Leistungspotential verlangen. Nur der körperlich und seelisch Gesunde kann ihnen gerecht werden.

So ist die Kontrolle des Gewichts unumgänglich notwendig zur Erhaltung der Gesundheit; und, was nicht weniger zählt, sie ist unentbehrlich für die Steigerung der Leistungsfähigkeit und daher Bestandteil der Lebenstechnik.

Soll man bei Übergewicht hungern?

Was also tut der Mensch, der eingesehen hat, daß er etwas unternehmen muß? Einfachstes Rezept: Hunger macht schlank. Ginge es nur um ein oder zwei Kilogramm, so wäre das auch leicht durchzuführen. Wie aber soll man die lange Zeit der Entsagung bei ausgesprochenem Übergewicht aushalten? Langsam sinkt das Gewicht, doch in gleichem Maße wächst der Appetit, der Feind und Versucher wird. Der leere Magen rebelliert. Versiertes Nachschlagen in Kalorientabellen, Addieren und Subtrahieren von Werten, anfangs ein Sport, wird allmählich zum Alptraum. Müdigkeit und Niedergeschlagenheit treten auf. Die Haut wird schlaff und faltig. Körperliche Arbeit wird zu endloser Mühe; geistige Arbeit kann nur langsam, nur mit großer Anstrengung verrichtet werden. Die Konzentrationsfähigkeit läßt merklich nach, die Reizbarkeit steigt, man fällt sich selbst und anderen zur Last. Damit ist auch für den Unentwegtesten der Endpunkt erreicht. Eines Tages schlagen Wellen der Gleichgültigkeit über ihm zusammen und er ergibt sich hemmungslos den Genüssen, auf die zu verzichten ihn so viel Überwindung gekostet hat.

Endlich wieder satt werden – welch Hochgefühl! Ein paar Kilo hat man ja zum Glück auch verloren. Hat man? Im Handumdrehen sind sie wieder da. Nicht nur das – bald zeigt die Waage mehr denn je zuvor.

Auf solchen Schrecken gibt es nur zwei Reaktionen: Entweder man läßt alles so weiter laufen und resigniert. Oder man nimmt alle Kräfte zusammen und entschließt sich zu neuen Taten. Natürlich nach anderen Vorschriften. Gibt es doch Obst- und Saftkuren, Milch- und Ölkuren, wurden doch sogar Appetitzügler erfunden, deren

Einnahme die Leere des Magens vergessen machen soll.

Das Ergebnis wird dasselbe sein. So viel man auch abnimmt – in erstaunlich kurzer Zeit hat man wieder zugenommen und sein Anfangsgewicht um Einiges überrundet. Das mit so viel Opfern angepeilte Ziel – Idealgewicht und dauerhaftes Erhalten des Idealgewichts – wird meistens nicht erreicht.

Um die Frage zu wiederholen: Was also tut der Mensch?

Bei der Humplik-Kur ist Hungern verboten!

Dr. Humplik zeigt uns den Weg, auf dem wir, ohne Entbehrungen zu leiden und hungern zu müssen, unser Idealgewicht erreichen und erhalten können. Alles, was in der Nahrung des auf gemischte Kost eingestellten Menschen enthalten sein muß, wird in reichlichem Maße verabreicht: Eiweiß und Fette ebenso wie Kohlenhydrate, Vitamine und Mineralstoffe. Da die Ernährung nicht an ein starres Schema gebunden ist, kann jeder Art von Geschmacksrichtung Rechnung getragen werden. Und die Anforderungen an eine gute Kost – daß sie nicht nur eine vollwertige Nahrung darstelle, sondern auch voll Abwechslung, bekömmlich und wohlschmekkend sei – können hundertprozentig erfüllt werden. Das Idealgewicht wird, nachdem allmählich alle Verbote gefallen sind, bei zuletzt fast völlig „normaler" Ernährung erreicht und gehalten; dieser Erfolg ist es ja, der vor allem angestrebt wird.

Ist die Humplik-Kur ethisch vertretbar?

In einer Zeit, wo Überfluß in vielen Gebieten der Erde den Hunger in anderen noch immer nicht auszugleichen imstande ist; in einer Zeit, in der nach wie vor Millionen hilflos an Entkräftung sterben, scheint die Forderung, so viel als möglich zu essen, um abzunehmen, auf den ersten Blick herausfordernd. Aber das Übergewicht ist ein körperliches Leiden, das Krankheit nach sich zieht. Es muß behandelt werden. Hat man es einmal besiegt, dann nimmt man viel weniger Nahrung zu sich als in der Zeit der ständig wachsenden Fettpolster.

Ein besonderes Kapitel sind die „dicken Kinder". Etwa 20% der deutschen Schulkinder sind übergewichtig, ein weiterer großer Prozentsatz bewegt sich in Richtung auf das Übergewicht.

Natürlich gibt es Krankheiten, die zu kindlicher Fettsucht führen. Sie sind höchst selten. Der Begriff „Sucht" leitet sich vom mittelhochdeutschen Wort „suhd" ab, das „Krankheit" bedeutet und auch in anderen Zusammenhängen

– Schwindsucht, Bleichsucht usw. – vorkommt. Beim Kind wie beim Erwachsenen gilt Dr. Humpliks Satz:

Jeder Fettsüchtige ist übergewichtig, nicht aber jeder Übergewichtige fettsüchtig.

Doch nicht von krankhafter Fettsucht soll hier die Rede sein.

Übergewicht entsteht oft in der Kindheit!

Dicke Kinder kommen nicht schon mit besonders hohem Gewicht zur Welt. Meist ist das Gegenteil der Fall. Sie sind zart. Man päppelt sie auf. Sie werden regelrecht gemästet. Weint das Baby, dann bekommt es noch ein Fläschchen. Schreit das Kleinkind, gibt man ihm etwas zum Naschen; noch sieht es ja hübsch aus mit seinen Pölsterchen. Dann kommt die Schule und damit das große Elend, der Spott der anderen, die Kritik an dicken Bäuchen und schlaffen Schenkeln. Der Trost für alles Ungemach liegt meistens im Essen. Es muß nicht immer Schokolade sein – auch Marmeladebrot, Eis, süße Säfte tun ihren Teil.

Nicht nur die Turnstunde ist gefürchtet und wird nach Möglichkeit gemieden. Auch das Rechnen und das Lesen sind Hürden. Das Kind ist geistig und körperlich langsam und schwerfällig. Dabei ist es keineswegs von Natur aus weniger begabt als die anderen – lediglich seine Körperlichkeit macht ihm Schwierigkeiten. Es ist nicht dick, weil es faul und träge ist, sondern Faulheit und Trägheit sind die Folgen seines Übergewichts.

Die Pubertät mit all ihren neuen Problemen ist der nächste Schock. Und so schlittert das dicke Kind – wird nicht rechtzeitig und energisch eingegriffen § dem Schicksal des dicken Erwachsenen zu.

Die Humplik-Kur ist auch für Kinder geeignet!

Das Kind aber, kommt es in richtige Hände und wird es unrationell ernährt, kann viel schneller sein Idealgewicht erreichen als der Erwachsene: Es wächst – und das benötigt zusätzliche Energie; es ist gewohnt, viel zu essen – man gebe ihm das Richtige in richtiger Form und der Erfolg wird überraschend sein.

Anfänglich ist es für diese Kinder eine große Unterstützung, wenn nicht sie allein auf Süßigkeiten verzichten müssen, sondern wenn die ganze Familie mittut und Dinge, die dem kleinen Patienten schaden, einfach vom Speisezettel gestrichen werden.

Die Freude, mit gutem Gewissen satt zu sein, wird erhöht durch die Freude, schlanker zu werden. Mit allen Konsequenzen, von denen die wichtigsten Lebensbejahung und Selbstvertrauen sind.

Die Verdauung

Daß wir ohne Essen und Trinken nicht leben können, weiß jedes Kind. Was geschieht mit dem Essen in unserem Körper? Wozu werden die guten Dinge, die täglich auf unserem Tisch stehen, verwendet?

Durch die Nahrung wird uns Energie zugeführt; ohne diese Energie könnten wir weder wachsen, noch bestehen und unsere Zellen aufbauen; weder körperliche noch geistige Leistungen vollbringen. Davon haben wir schon gehört und wir werden auch später noch davon hören.

Jetzt wollen wir ein wenig in die Geheimnisse des Stoffwechsels, der Umwandlung von Nahrung in Energie, in das Funktionieren der gewaltigen Arbeitsleistung, die unser Körper da Tag für Tag, Stunde um Stunde vollbringt, eindringen.

Neben Wasser braucht der Mensch, um leben zu können, Eiweiß, Kohlenhydrate, Fette, Vitamine und Mineralstoffe.

Vor dem Essen:

Diese Grundstoffe nehmen wir freilich nicht chemisch rein zu uns, sondern vielfach gebunden und kombiniert in Form von Nahrungsmitteln; diese wieder werden meist den verschiedensten Prozessen unterworfen, in ihrer Struktur verändert, auf mannigfache Weise und nach zahllosen Rezepten vermengt, mechanisch bearbeitet und erhitzt, ehe sie als Speisen auf unseren Tisch kommen. Geschmackskomponenten werden zu besonderer Geltung gebracht, Gewürze beigefügt, aber auch Geruch, Form und Farbe verändert. Man „ißt" ja mit Augen und Nase, ehe der erste Bissen überhaupt in den Mund kommt; der Speichel beginnt zu fließen beim bloßen Anblick einer Speise, die uns zusagt.

Normen gibt es allerdings nicht. Dem Einen genügt allein die Vorstellung seiner Lieblingsspeise, dem Anderen der Geruch eines Bratens, um ihm das Wasser im Mund zusammenlaufen zu lassen. Der Dritte braucht dazu ästhetische Eindrücke von Form, Farbe und Kombination – häufig vom Decken des Tisches angefangen. Die harmonische Vielfarbigkeit einer Salatplatte, das effektvolle Anrichten von Gemüsesorten, die appetitliche Garnierung von Fleischschnitten sind oft wesentlich für den ganzen Verdauungsvorgang.

Ist „Hunger der beste Koch"? Der Franzose sagt: „Keine Küche gleicht dem Appetit". Doch sicher ist es nicht falsch, zu behaupten: Derjenige ist der beste Koch, der es versteht, den Appetit seiner Gäste anzuregen, den Hunger zu stillen und gleichzeitig dem Körper das Richtige in richtiger Form zu bieten.

Weg der Nahrung: Mund

Haben wir aber dann einen Bissen in den Mund genommen, beginnt sofort die Verdauung. Die in der dargebotenen Form für den Körper nicht verwendbaren Speisen müssen durch chemische und mechanische Arbeit verflüssigt und in ihre einfachsten Bestandteile zerlegt werden, ehe die Nährstoffe ins Blut gelangen können, um in einer dem Körper gemäßen Form wieder aufgebaut zu werden. Verdauungsdrüsen und Muskulatur des Verdauungstraktes, gesteuert von Nerven und Hormonen, sorgen dafür.

Die Verdauungsdrüsen sind eine chemische Fabrik, sie erzeugen Säfte, die, angefangen von der Mundhöhle, in allen Teilen des Verdauungstraktes wirksam sind.

Mechanische Arbeit wird nicht nur beim Kauen, bei den Bewegungen der Zunge und beim Schlukken geleistet, sondern auch weiterhin in größtem Ausmaß während des ganzen Verdauungsvorganges durch die Muskulatur der Speiseröhre, des Magens und des Darms – hier allerdings unserem Willen völlig entzogen. Also aktive Arbeit – automatisch gesteuert.

Zurück zu unserem Bissen.

Zähne

Feste Nahrung wird zerkleinert, zerquetscht und zermahlen von unseren Zähnen, von denen wir, sind sie vollständig, 32 besitzen. Auf und ab, vorwärts, rückwärts und zur Seite bewegen wir beim Kauen den Unterkiefer. Zum Unterschied zu den meisten Tieren, die je nach der ihnen von der Natur vorgeschriebenen Nahrung nur jeweils eine dieser Bewegungen ausführen können.

Zunge

Immer wieder wird der Bissen von der Zunge zwischen die Zahnreihen gepreßt. Nicht nur zum Sprechen brauchen wir die Zunge. Auch ihre Funktion beim Kauen, bei der Weiterbeförderung des Bissens und beim Schlucken sind nicht ihre einzigen Aufgaben. Dieses muskulöse, reichlich mit Blutgefäßen und Nerven versehene Organ, das unsere Mundhöhle ausfüllt, trägt auch Geschmacksknospen am Rücken. „Salzig“ wird von der ganzen Zunge registriert, „süß“ nur von der Spitze, „sauer“ vom Zungenrand und „bitter“ von ihrer Basis. So entstehen Reize, die uns unsere Mahlzeit erst schmecken lassen, gleichzeitig aber auch maßgeblich an der Förderung der Drüsensekretion beteiligt sind.

Speichel

In den Drüsen gebildet, fließt Speichel ständig in kleinen Mengen, um die Mundhöhle zu befeuchten und rein zu halten. Gelangt aber Nahrung in den Mund – ja, wie wir gesehen haben, schon vorher bei ihrem bloßen Anblick – dann setzt eine intensive Drüsentätigkeit ein. Große Mengen von Speichel – bis zu 2 Liter im Tag und bei massiver Nahrungsaufnahme noch weit mehr – werden erzeugt, wechselnd in der Zusammensetzung und immer genau diejenigen Stoffe enthaltend, welche für die Bearbeitung eben dieser Nahrung nötig sind – eine perfekte Automatik.

Speichel erfüllt wichtige Aufgaben. Geschmacksstoffe werden gelöst, deren Bedeutung schon erwähnt wurde; außerdem werden die Speisen verdünnt, von Schleim umgeben und schlüpfrig gemacht, sodaß der Bissen nun bestens zum Weitertransport vorbereitet ist.

Unser Appetit ist befriedigt. Was jetzt kommt, hat mit Genuß nichts mehr zu tun.

Schluckakt

Der Schluckakt, der nur in seiner ersten Phase

noch willkürlich ist – das heißt: Von uns beeinflußt werden kann – ist der Anfang des folgenden, vom Willen nicht mehr abhängigen Verdauungsprozesses. Die Maschine hat vollautomatisch zu arbeiten begonnen. Peristaltik – die wellenförmig fortschreitende, Erweiterung und Verengung bewirkende Bewegung der Verdauungsmuskulatur – übernimmt den Transport.

Peristaltik

Natürlich kann Sand ins Getriebe kommen oder ein Materialfehler auftreten – aber nicht damit wollen wir uns hier beschäftigen, sondern mit dem tadellos funktionierenden Apparat.

Unser Bissen, nun schon in recht verändertem Zustand – durch Speichel und Zähne angenagt – wandert durch die Speiseröhre. Diese, ein etwa fingerdickes, ca. 25 cm langes, bewegliches Rohr, zieht durch die Brusthöhle, durchdringt das Zwerchfell und endet im Magen.

Speiseröhre

Keineswegs rutscht der Bissen nur herunter, denn auch wenn wir liegen oder auf dem Kopf stehen, funktioniert der Vorgang. Ermöglicht wird das durch die Muskulatur in der Wand der Speiseröhre. Die Muskelschichten sind außen der Länge nach, innen ringförmig angeordnet – so wie wir es im Prinzip auch weiterhin im ganzen Magen- und Darmtrakt sehen werden.

Es ist die Ringmuskulatur, welche die Peristaltik bewirkt. Durch fortlaufendes, wellenförmiges Zusammenziehen und Erschlaffen verengt sich die Speiseröhre oberhalb des Bissens und schiebt ihn vor sich her, während sie sich unterhalb erweitert, um ihn aufzunehmen. Erleichtert wird der Transport durch die Tätigkeit unzähliger Schleimdrüsen, deren Sekret als Gleitmittel dient.

Diese peristaltischen Bewegungen der Muskulatur sind am ganzen weiteren Verdauungsvorgang maßgeblich beteiligt. Wir müssen uns noch öfter damit beschäftigen.

Je mehr gegessen wird, umso rascher läuft der Motor, umso größer wird die Leistung, umso stärker der Energieverbrauch. – Was zu wissen für das Verstehen der Humplik-Kur wichtig ist.

So kommt der eben verschluckte Bissen rasch zum oberen Magenschließmuskel, der sich öffnet und ihn einläßt – wird er nicht für zu heiß oder zu kalt, zu scharf oder zu ätzend befunden: Dann – zurück damit; und wir erbrechen.

Da wir aber meistens wissen, was wir vertragen, öffnet sich der Schließmuskel. Die zerkaute Nahrung gelangt in den Magen.

Magen

Der Magen stellt den ersten Abschnitt des Darmkanals dar. Gekrümmt liegt er unter dem Zwerchfell in der Bauchhöhle, je nach Füllungszustand verschieden gestaltet.

Seine besondere Aufgabe ist es, die Nahrung zu sammeln, zu bearbeiten, zu verflüssigen und sie später an den Darm abzugeben.

Unsere Fabrik läuft auf vollen Touren, gesteuert vom Computer im Nervensystem, um den wir uns nicht kümmern müssen.

Schwerarbeit leistet die besonders verstärkte Muskulatur der Magenwand. Und ununterbrochen produzieren die Drüsen Magensaft. Je mehr Nahrung aufgenommen wird, je zahlreicher die Ballaststoffe, desto größer die Arbeitsleistung. – Was zu wissen für das Verstehen der Humplik-Kur wiederum wichtig ist.

Die Magenwand besteht aus durcheinandergeflochtenen, kräftig ausgebildeten Muskelbündeln. Sie setzen sich fort aus den beiden Schichten der Speiseröhre, bestehen also aus Längs- und Ringschichten; außerdem gibt es aber noch eine dritte Art von schief angeordneten Muskelzügen, die eine zusätzliche Verstärkung darstellen. Daß dieser ausgeklügelte Apparat ein erhebliches Maß an energieverbrauchender Arbeit leistet, ist wieder für unsere Diät von Bedeutung.

Die Innenseite des Magens ist mit Schleimhaut ausgekleidet. Diese Schleimhaut wirft Längsfalten auf, die sogenannte „Magenstraße“ entsteht: Eine Rinne, in welcher der Mageninhalt weiterbefördert wird.

Magensaft

In der Schleimhaut liegt eine unendliche Zahl kleinster Drüsen – so dicht gedrängt, daß man das ganze Mageninnere als eine einzige, große Drüse auffassen könnte. Dort wird der Magensaft erzeugt.

Was ist das nun für ein ganz besonderer Saft?

Ein Gemisch aus Schleim, Salzsäure und einer Menge von Wirkstoffen oder Fermenten, welches die Nahrung chemisch zerlegt und dafür sorgt, daß der Bissen nicht im Magen liegen bleibt.

Die Salzsäure zerstört Mikroorganismen, Bakterien zum Beispiel; sie zerlegt Milch; sie löst die Struktur faseriger Anteile von pflanzlichen Nahrungsstoffen und ermöglicht so ihre optimale Ausnützung; und sie aktiviert Wirkstoffe.

Die Fermente hingegen leiten das wichtige Werk des Eiweißabbaues ein.

Der Schleim schließlich vermengt sich mit der aufgenommenen Nahrung und verwandelt sie in Speisebrei; nur in diesem weitgehend verflüssigten Zustand kann die Nahrung in den Darm gelangen. Das Werk der Zerkleinerung ist somit im Wesentlichen beendet.

Bei normaler Ernährung wird Tag für Tag 1 Liter Magensaft erzeugt – bei Aufnahme größerer Nahrungsmengen noch viel mehr. – Was zu wissen für das Verstehen der Humplik-Kur abermals wesentlich ist.

Wie lange bleibt die Nahrung im Magen?

Es ist einzusehen, daß Flüssiges den Magen weitaus schneller verläßt als Festes – und daß dafür recht wenig Arbeit geleistet werden muß. Dann folgen Kohlenhydrate. Am längsten dauert es bei Fetten. Ebenso ist nun klar, daß es von Art und Menge der Speisen abhängt, wie lange sie im Magen bleiben – nämlich 1 - 5 Stunden.

Man würde meinen, ohne gut arbeitenden Magen könne man nicht existieren. Das stimmt nur teilweise. Es gibt viele Menschen, denen zwei Drittel des Magens operativ entfernt wurden – sie leben ohne schädliche Folgen weiter. In solchen Fällen wird die Tätigkeit des Magens vom Darm übernommen. Es kann zwar auf große Teile des Magens verzichtet werden, nicht aber auf seine Leistung.

Auch könnte der Gedanke aufkommen, daß der Magen extreme Nahrungsmengen gar nicht aufnehmen kann, ohne sich unwiderruflich zu dehnen oder gar zu platzen. Weit gefehlt. Sehr rasch wird ja der Mageninhalt an den Dünndarm weitergeleitet und von vornherein ist eine Über-Füllung ausgeschlossen, da ja lange vorher das Verlangen nach weiterer Nahrungsaufnahme erlischt.

Pförtner

Ist der Bissen verflüssigt, hat er den Weg durch den Magen zurückgelegt, dann öffnet sich der untere Schließmuskel des Magens, der „Pförtner", und der Brei wird in wohl abgewogenen, kleinen Portionen in den Dünndarm gespritzt.

Dünndarm

Der Dünndarm, in viele Schlingen gelegt, übertrifft mit seiner Länge von 6 bis 8 Meter um ein Vielfaches die Körpergröße des Menschen. Er ist mit Schleimhaut ausgekleidet, die hier eine Menge hoher Querfalten aufwirft und Millionen eng gedrängter Zotten trägt, wodurch die Oberfläche enorm vergrößert wird. Jede Zotte ist 1 bis $1^1/_2$ mm hoch bei einem Durchmesser von 0,1 mm und einer Anzahl von 3.000 bis 4.000 pro Quadratzentimeter.

Hier im Dünndarm erfolgt die weitere chemische Aufspaltung, die bisher nur unbedeutend war. Den Erzeugnissen der Fabrik wird der letzte Schliff gegeben und sie werden versandbereit gemacht.

Resorption

Dann erst geht der wichtige Akt der Aufnahme der für den Körper lebensnotwendigen Baustoffe in die Blutbahn vor sich: Die „Resorption" – Ziel und Zweck des ganzen Verdauungsvorgangs.

In wenigen Worten: Der Speisebrei wird von der Darmmuskulatur durchgemischt und weiterbefördert, durch Drüsensekrete zerlegt und für die Resorption aufbereitet.

Das klingt einfach, bedarf aber eines sehr komplizierten und minutiösen Apparates, um zu funktionieren. Eben darüber wollen wir uns nun informieren.

Zwölffingerdarm

Der erste Abschnitt des Dünndarms heißt Zwölffingerdarm; er erhielt seinen Namen schon um 300 v. Chr. von dem griechischen Anatomen Herophilos, da er etwa die Länge von 12 Fingerbreiten hat. Der Zwölffingerdarm ist einer der wichtigsten Abschnitte des gesamten Verdauungstraktes, denn in ihn münden die Ausführungsgänge der beiden großen Verdauungsdrüsen, Leber und Bauchspeicheldrüse. Zusammen mit den Darmdrüsen erzeugen sie jene wichtigen Säfte und Fermente, die aus dem Speisebrei die Nährstoffe herauslösen und sie in die einfachsten, wasserlöslichen und daher resorptionsfähigen Bestandteile zerlegen. Dabei wirken die Fermente zersetzend auf organische Stoffe, ohne sich selbst zu verändern; und sie wirken spezifisch, das heißt immer nur auf bestimmte Stoffe.

Bauchspeicheldrüse

Die Bauchspeicheldrüse liefert wichtigste Wirkstoffe für die Verdauung aller organischen Nahrungssubstanzen. (Außerdem hat sie die Aufgabe, das Hormon Insulin, das den Blutzuckerspiegel regelt, zu erzeugen und ins Blut abzugeben.) Sie liegt langgestreckt hinter dem Magen in der Bauchhöhle, ihr breiteres Ende in die Schlinge des Zwölffingerdarms gebettet. Ungefähr in ihrer Mitte entläßt sie den Ausführungsgang, der das Sekret vielverästelter kleiner Kanäle gesammelt hat und in den Dünndarm bringt, wo er entweder gemeinsam mit dem Gallengang oder, getrennt, dicht daneben mündet.

Kleine Mengen von Bauchspeichel werden ständig abgesondert – in großem Umfang wird erst produziert, sobald bei Nahrungsaufnahme Reize vom Mund und vom Dünndarm her wirken. Dann werden 1½ Liter pro Tag und mehr erzeugt.

Leber

Die Leber, unsere größte Drüse, wiegt 1½ bis 2 Kilogramm. Sie liegt unter dem Zwerchfell, den Magen teilweise bedeckend, und ist ein massiges, gelapptes Organ, das in einem Netz von Kanälchen und Röhren die Galle bildet – ½ bis 1 Liter im Tag.

(Das ist natürlich nicht die einzige Aufgabe der Leber. Unter beträchtlicher Wärmeentwicklung werden aus dem reichlich zugeführten Venenblut Kohlenhydrate in Glykogen verwandelt und gespeichert – Grundsubstanz des „Muskelzuckers", welcher der Muskelarbeit als Energielieferant dient; ferner werden Aminosäuren, die Verdauungsprodukte des Eiweißes, weiter verarbeitet.)

Ein Teil der Galle wird direkt in den Dünndarm geleitet, ein Teil fließt ständig in die Gallenblase, wird dort gesammelt und gespeichert und nur bei Bedarf abgegeben.

Gallenblase

Die Gallenblase, birnenförmig und etwa 10 cm lang, dickt den Gallensaft wesentlich ein, versetzt ihn mit Schleim und entläßt ihn in den Zwölffingerdarm, sobald dort Nahrungsstoffe einlangen, die zur Aufspaltung seiner bedürfen.

Auch Galle ist ein ganz besonderer Saft. Bitter durch Säuren, zäh durch Schleim, dunkelgelb bis grünlich durch Farbstoffe. Mit ihr gelangen Ausscheidungsprodukte in den Darm – vor allem aber die für die Verdauung unumgänglich notwendigen Gallensäuren, die nicht nur die Fermente des Bauchspeichels aktivieren, sondern vor allem direkt auf Fette wirken, sie in Spaltprodukte zerlegen und in einen für den Körper verwendbaren Zustand bringen.

Galle also ist unersetzlich – nicht so die Gallenblase, die beim Menschen ohne Schaden herausoperiert werden kann und bei vielen Tieren, wie Hirsch, Kamel und Pferd, gar nicht vorhanden ist.

Darmsaft

Was neben Bauchspeichel und Galle noch für die Verdauung notwendig ist, wird schließlich von den Darmdrüsen erzeugt, die in ungeheurer Anzahl in der Schleimhaut des ganzen Dünndarms liegen. Darmsaft, in einer durchschnittlichen Tagesmenge von 3 Litern erzeugt, enthält

Fermente für die Verdauung von Eiweißkörpern, Kohlenhydraten und Fetten. Wieder ist seine jeweilige Zusammensetzung genau abgestimmt auf die Stoffe, die im Darm einlangen.

Im Dünndarm werden so pro Tag 5 bis 6 Liter Verdauungssäfte durch die Drüsen erzeugt.

Dies zu wissen ist für das Verstehen der Humplik-Kur wesentlich! Ein Teil der Flüssigkeit wird für die Resorption verbraucht, der Großteil aber in den folgenden Darmabschnitten wieder aufgenommen – reabsorbiert –, was neuerlich Energie erfordert. Doch die Leistung all dieser Drüsen reichte nicht aus, würde nicht der Speisebrei auch im Darm ständig durch die Bewegung der Darmwand bearbeitet. Rhythmisches Zusammenziehen und Erschlaffen der Muskulatur bewirkt immer aufs Neue ein Durchkneten des Darminhalts und ein inniges Vermischen mit den Verdauungssäften. Diese Mischbewegungen laufen etwa 10 bis 20 mal in der Minute ab und dauern meist mehrere Stunden an, je nach Art der Nahrung. Eine Portion Speisebrei wird 800 bis 1.000mal durchgeknetet !

Peristaltik

Die wellenförmig fortschreitenden Kontraktionen der Peristaltik transportieren das Material weiter. Schließlich sind auch die Zotten in ständiger Bewegung; ihre glatten Muskelfasern wirken als Pumpe, immer wieder tauchen sie in den Speisebrei, um ihm Nährstoffe zu entnehmen.

Eine beachtliche Arbeit wird hier vollbracht, an der Drüsen, Muskulatur und Resorption beteiligt sind, mechanische und chemische Vorgänge also. Die Arbeit ist umso größer, je mehr Nahrung aufgenommen wird, je reichhaltiger die Säfte fließen müssen, je intensiver die Muskeln arbeiten.

Es ist uns nun bekannt, wie die Fabrik arbeitet, welche die Rohstoffe mischt und umgestaltet. Nachdem wir auch das Fließband kennen, das diese Rohstoffe transportiert, wollen wir nun noch wissen, welche Produkte erzeugt werden. Denn diese werden dann in die Blutbahn aufgenommen und sind lebensnotwendige Substanzen für unseren Körper.

Was wir jeden Tag essen, muß verflüssigt, zerlegt und abgebaut werden, ehe es vom Blut aufgenommen, auf höchst individuelle Weise wieder aufgebaut, unserem Körper angepaßt und verwendet werden kann.

Sauer kommt der Brei aus dem Magen. Er muß neutralisiert werden – Sekret aus Bauchspeicheldrüse, Darmwand und Galle sorgen dafür.

Dann erst können diese Säfte mit ihren mannigfaltigen Säuren und auf Höchste spezialisierten Wirkstoffen zum Einsatz kommen.

Eiweiß

– Eiweiß, in der gebotenen Form unverwertbar, wird zerlegt in seine einfachsten Bestandteile: Aminosäuren.

Kohlenhydrate

– Unlösliche, nicht resorbierbare Kohlenhydrate in einfache, lösliche Zucker.

Fette

– Fette werden in feinste Tröpfchen zerkleinert, in wasserlösliches Glyzerin und Fettsäuren umgewandelt.

So geschieht die Arbeit des Aufspaltens und Verflüssigens. Eine zerlegende Arbeit. Doch wir hätten keine Fertigprodukte, würden nicht Stoffe zerlegt und verändert, ehe sie – in anderer Form wiederaufgebaut – zu unserem Nutzen gereichen.

Resorption

Der nächste Akt ist also: Aufnehmen und Wiederaufbauen; Resorption. Die Nährstoffe gelangen in Blut und Lymphe, mit ihnen Wasser, Mineralstoffe und Vitamine. Das erfolgt hauptsächlich im Dünndarm, bei Fetten sogar ausschließlich dort; lediglich Salze und Wasser werden auch später noch resorbiert.

Die Resorption erfolgt durch das Zylinderepithel der Darmzotten, die, in ständiger Bewegung, die Nährstoffe erfassen und weiterleiten. Erst die riesige Vergrößerung der Innenfläche des Dünndarms durch Schleimhautfalten und Zotten ermöglicht ein lückenloses Funktionieren dieses lebensnotwendigen Vorgangs.

Alle Energie gelangt auf diesem Wege in unseren Körper – alles, was wir vollbringen, ist davon abhängig – leben, atmen, schaffen, denken, die ständige Erneuerung all unserer Körperzellen. Der Organismus ist die Durchgangsstelle eines dauernden Energiestromes. –

Aminosäuren, Wasser, Mineralstoffe und Zucker gelangen direkt in die Blutbahn. Die im Dünndarm aufgespalteten, nach erfolgter Resorption körpereigen wieder aufgebauten Fette kommen zum Großteil durch die Lymphe in den venösen Kreislauf und werden in den Fettdepots der Gewebe gespeichert, ein kleiner Prozentsatz geht in die Leber.

Dickdarm

Was nicht verwendet werden kann, was überflüssig ist und ausgeschieden werden soll, wird schubweise durch eine Klappe in den Dickdarm befördert. Schubweise, um die Aufenthaltszeit des Speisebreis im Dünndarm so zu verlängern, daß eine maximale Ausnützung ermöglicht wird.

Der Dickdarm ist etwa 2 m lang und verläuft in einem großen Bogen. Er beginnt im rechten unteren Bauchraum als „Blinddarm", der auch den Wurmfortsatz trägt, zieht nach oben, dann quer nach links und steigt zuletzt ins Kleine Becken ab.

Der Dickdarm verrichtet die letzten Arbeiten des Gesamtvorgangs der Nahrungsaufschließung und -aufnahme. Nur Salze und ein Großteil des zugeführten und des literweise von den Drüsen gelieferten Wassers werden dort noch resorbiert, der Darminhalt wird dabei wesentlich eingedickt. Organische Substanzen sind Gärungs- und Fäulnisprozessen unterworfen, ein Werk der zu einem hohen Prozentsatz vorhandenen Bakterien. Schließlich entsteht der Kot, der nichts Brauchbares mehr enthält, nur unverdauliche Dinge: Zellulose, Stärkekörnchen, zähe Fasern, Ausscheidungsprodukte der Darmzellen und Drüsen, Farbstoffe, abgestorbene Zellen, Schleim und Bakterien.

Mastdarm

Die vergleichsweise trägen Bewegungen der Darmwand genügen, um alles weiterzubefördern, bis es beim Endstück, dem Mastdarm, angelangt ist, der mit dem von starker Ringmuskulatur umgebenen After abschließt. Hier endlich erfolgt die Entleerung, die beim Säugling noch unwillkürlich vor sich geht, vom zweiten Lebensjahr an jedoch weitgehend unter Kontrolle kommt.

Zusammenfassung

Da wir nun den ganzen Verdauungsvorgang verfolgt haben, können wir erst die enorme Arbeit ermessen, die unser Körper dabei vollbringt.

Bis zu 9 Liter Verdauungssäfte pro Tag zu erzeugen – und bei massiver Ernährung noch weit mehr – ist keine Kleinigkeit. Auch ihre Wiederaufnahme im Darm muß in die Energiebilanz einbezogen werden.

Die ununterbrochene Bewegung der glatten Muskulatur, von der Speiseröhre über den Magen bis zum Darm, ist in hohem Grade energieverbrauchend. Zusätzlich noch die Bewegungen der unzähligen Darmzotten.

Es wird uns verständlich, daß Dr. Humplik sagt:

> „Aus den genannten Gründen rechne ich den Verdauungstrakt zu den Hauptenergieverbrauchern des Körpers".

Und wir begreifen, daß umso mehr Energie benötigt wird, je mehr die Drüsen und Muskeln arbeiten müssen.

Wir begreifen auch, daß „unrationelle“ Nahrung, für deren Aufschließung der Körper sehr viel Energie verbraucht, niemals zu Übergewicht führen kann. Daß Fett aus dem Depot abgebaut werden muß, wenn wir uns unrationell ernähren. Daß wir schlank werden; und schlank bleiben.

Die unrationelle Ernährung

= Ernährung, die das Gewicht senkt.
= Grundform der Humplik-Kur

Erinnern wir uns an den Satz:

„Je mehr der Übergewichtige, nach der Diät gesteuert, seinem persönlichen Appetit entsprechend, unrationell ißt, umso mehr nimmt er ab".

Was bedeutet dieses „unrationell"?

Am besten läßt es sich erläutern, wenn man den Organismus, den menschlichen Körper also, mit einem Betrieb vergleicht. Ein Unternehmen, das rationell geführt wird, arbeitet mit Gewinn. Gewinn kommt aufs Bankkonto. Der Organismus, der rationell ernährt wird, erzielt ebenfalls einen –wenn auch selten willkommenen – Überschuß: Das Fett, das ins Depot gelegt wird; und dies – wird weiterhin rationell gegessen – in zunehmenden Mengen.

Ein Unternehmen dagegen, das unrationell geführt wird, erleidet Verluste. Das Bankkonto muß angegriffen werden. Sehr betrüblich für den Betrieb, nicht aber für den übergewichtigen Körper. Der nämlich muß sein Fettdepot leeren; und das ist es, was wir erstreben. Er leert es umso schneller und vollständiger, je mehr unrationelle Nahrung er erhält.

Die Frage, die sich Dr. Humplik gleich zu Beginn seiner Forschungen stellte, lautete:

„Besteht die Möglichkeit, den Übergewichtigen so unrationell zu ernähren, daß er für den Energiebedarf des Körpers einschließlich der Aufschließung der Nahrung mehr Energie benötigt, als effektiv in der Nahrung enthalten ist und er daher zwangsweise laufend zusätzliche Betriebsenergie freizumachen hat, indem er körpereigenes Fett abbaut?“.

Das heißt: Besteht die Möglichkeit, so „unrationell“ zu essen, daß der Körper gezwungen ist, dem Fettdepot laufend zusätzliche Betriebsenergie zu entnehmen?

Diese Frage konnte mit „ja“ beantwortet werden.

Wer liefert die Energie? Und wer verbraucht sie?

Energie wird dem Körper durch die Nahrung geliefert. Aufgabe des Verdauungstraktes ist es dann, wie wir gehört haben, diese Nahrung in ihre Grundbausteine zu zerlegen, um sie zur Aufnahme in die Darmschleimhaut geeignet zu machen und die Resorption zu ermöglichen.

In den lebenden Zellen (unser Körper enthält rund 60 Billionen) erfolgt dann der Aufbau der Stoffe, den Bedürfnissen des Körpers entsprechend, wozu wieder Energie benötigt wird.

Dieser „Stoffwechsel" genannte Vorgang beinhaltet sämtliche chemischen Vorgänge im Organismus; auf ihnen beruhen die Lebenserscheinungen.

Die Energieverbraucher

Neben dem Verdauungstrakt ist es vor allem die Leber, unsere große chemische Fabrik, die Energie benötigt; die Niere als wasserausscheidendes Organ; das Herz, das auch in Ruhe 70 Mal in der Minute schlägt und das Blut durch die Adern pumpt; die Lunge, die den Luftaustausch bewerkstelligt. Jede Muskelbewegung verbraucht Energie – wenngleich weniger, als man einst annahm. Wachsen und Bestehen des gesamten Körpers – der sich immer wiederholende Ab- und Aufbau der Zellen – die ständige Neubildung der roten und weißen Blutkörperchen – die

Haut, die sich ununterbrochen erneuert – ja selbst das Wachsen der Haare und Nägel: Alles benötigt Energie.

Energie wird in Kalorien gemessen. 1 Kalorie ist jene Wärmemenge, die nötig ist, um 1 Liter destillierten Wassers von 14,5 auf 15,5° C zu erwärmen.

Somit ist die Kalorie eine Wärmeeinheit. Die bei der Verbrennung von Nahrungsmitteln im Kalorimeter ermittelten Kalorien sollen den „Nährwert" angeben. Nun ist aber der lebende menschliche Körper kein Kalorimeter. Und die Wärmeeinheiten werden – durch komplexe Eigen-tümlichkeiten des biologischen Vorgangs – vom Körper keineswegs als gleichwertige Energieeinheiten akzeptiert. Dr. Humplik gibt ein treffendes Beispiel für diesen seinen Grundgedanken:

Ein Beispiel für die Sinnlosigkeit des Kalorienzählens

„250 g Zucker haben den gleichen Kalorienwert wie 2 kg Äpfel von 12,5% Zuckergehalt; der Nutzeffekt von 250 g Zucker – das sind 62 1/2 Stücke Würfelzucker zu jeweils 4 g – ist aber ein anderer, als der von 2 kg Äpfeln. Somit gibt die Anzahl der in einem Nahrungsmittel enthaltenen Kalorien (= Wärmeeinheiten) nicht den Nutzeffekt (= Nährwert) desselben an. Daraus ergibt sich: Kalorie ist bezüglich des Nutzeffektes im Körper nicht gleich Kalorie".

Daher ist das Kalorienzählen für die Gewichtsabnahme gegenstandslos. Nicht auf die Kalorienmenge kommt es an, sondern auf den für die Aufschließung benötigten Energieaufwand. Intensive Arbeit auf diesem Gebiet, ungezählte Versuche, jahrzehntelange Erfahrung und klinische Praxis gaben Dr. Humplik die Möglichkeit, Nahrungsmittel zu empfehlen, deren Aufschließung große Mengen von Energie verbraucht, und bei deren Verdauung kein Fett angesetzt, wohl aber im Übermaß vorhandenes abgebaut wird.

Sport senkt nur ganz geringfügig das Gewicht

Allgemein verbreitet ist die Meinung, daß Sport und Leibesübungen wesentlich zum Abnehmen beitragen. Hier wird allerdings Ursache mit Wirkung verwechselt. Man betreibt Sport, weil man schlank ist. Daß man schlank wird, indem man Sport betreibt, ist leider ein Irrglaube.

A. E. Müller stellte bei olympischen Spielen fest, daß der Energieumsatz auch bei sportlichen Höchstleistungen auffallend gering ist. Er fand beim Marathonlauf (42.195 m), in einem Stundendurchschnitt von 18 km gelaufen, einen

Mehrverbrauch von nur 3050 Kalorien; beim 100-Meter-Freistilschwimmen 60 Kalorien; beim 100-Meter-Lauf 50 Kalorien. Recht wenig, wenn man bedenkt, daß ein Hühnerei 80 Kalorien hat.

Erhöhte Verdauungsarbeit senkt das Gewicht

Der Verdauungstrakt jedoch mit seinem reichhaltigen Arbeitspensum gehört zu den allergrößten Energieverbrauchern des Körpers. Das Kauen freilich – im Gegensatz zur früher verbreiteten Annahme – braucht nur wenig Energie. Hoch jedoch ist der Energiebedarf, der durch die Erzeugung der täglichen $4\frac{1}{2}$ bis 9 Liter (das sind 9 kg!) Verdauungssäfte und deren spätere Wiederaufnahme entsteht. Und enorm ist der Energieaufwand für die Peristaltik, für rhythmische Segmentations- und Pendelbewegungen des Dünndarms, für die Pumpwirkung der unzähligen Zotten.

So sind denn die Verdauungsvorgänge von entscheidender Bedeutung für die Energiebilanz des Körpers: Verdauung als Quelle der Energie und somit Grundlage des Lebens überhaupt – andererseits Verdauung als enormer Energieverbraucher.

Dr. Humpliks Gedanke ist es, den Energieverbrauch durch die komplexen Vorgänge der Nahrungsaufnahme zu steigern und zu steuern

– und zwar durch eine sorgfältig bedachte, unrationelle Ernährung.

Neben Wasser, Vitaminen und Mineralstoffen braucht der Mensch zum Leben Eiweiß, Kohlenhydrate und Fette. All diese Stoffe sind in der Humplik-Diät in reichem Maße enthalten. Sie führen dem Organismus Energie zu, die Arbeit und Wärme liefert.

Eiweiß in gewisser Menge ist unbedingt notwendig. Es ist ein wichtiger Baustein des menschlichen und tierischen Körpers und wirkt nicht nur als Kraftquelle, sondern ist auch unentbehrlich für Wachstum, Aufbau und Ergänzung der Gewebe. Der Körper paßt sich der Eiweißzufuhr insoferne an, als er, wird das Angebot gesteigert, auch die Zersetzung beschleunigt.

Fette und Kohlenhydrate lassen sich gegenseitig weitgehend ersetzen. Fette enthalten allerdings einige Vitamine und Lipoide, die den Kohlenhydraten fehlen, sodaß auf die Dauer nicht ohne Schaden auf sie verzichtet werden kann.

Werden Fette und Kohlenhydrate in größerer Menge verzehrt, als sie der Körper verbraucht, so tritt ein Speichereffekt ein. Kohlenhydrate, in

Fett umgewandelt, werden „angesetzt" – was jeder Bauer weiß, der Gänse oder Schweine mästet.

Damit essen – viel essen – zu Gewichtsverlust führt, muß, wie Dr. Humplik sagt, auf die „Form" der Nahrung geachtet werden.

Diese Form soll unrationell sein.

Beispiele für unrationelle Ernährung: 1. Eiweiß

Drei Beispiele zur näheren Erläuterung.

Für Eiweiß das Hühnerei. Ein weichgekochtes Ei ist ein Beispiel für rationelle, ein hartgekochtes Ei ein Beispiel für unrationelle Ernährung. Die Verdauung des weichen Eies benötigt keine nennenswerte Energie. Es muß nicht viel eingespeichelt werden, sein Transport bedeutet keinen besonderen Aufwand an Kraft, seine Zerlegung fällt kaum ins Gewicht, da ja die Verflüssigung leichtgemacht ist. Der Körper kann hier Energie einsparen und sie in Form von Fett ins Depot legen. Das hartgekochte Ei dagegen muß ordentlich gekaut, mit Speichel versetzt, durch viel Muskelbewegung transportiert, verflüssigt, mit beachtlichem Aufwand in seine Bausteine zerlegt werden, ehe es resorbierbar ist und somit dem Körper Energie liefern kann.

2. Kohlenhydrate

Als Beispiel für Kohlenhydrate nehmen wir eine mittelgroße Orange, die etwa 110 Kalorien hat. Es muß doch ein Unterschied sein, ob wir diese 110 Kalorien in Form des ausgepreßten Saftes trinken, oder ob wir die Frucht in natürlichem Zustand, mit all ihren Ballaststoffen, essen! Der Aufwand für die Verdauung des Saftes ist fast Null, ein großer Prozentsatz von Energie kann in den Fettspeicher gelegt werden. Die Ernährung ist rationell. Essen wir aber die Frucht, dann ist vom Mund bis zum Darm viel Arbeitsleistung nötig, um sie in ihre Grundsubstanzen zu zerlegen. Die Ernährung ist unrationell.

3. Fette

Nun Fett. Wird es etwa mit einer Rindsuppe aufgenommen, auf der die Fettaugen schwimmen, dann wird sehr wenig Energie für die Verdauung verbraucht. Die Ernährung ist rationell. Die gleiche Menge Fett aber, in Form von Öl über eine große Portion Salat gegossen, wird energetisch kaum genügen, um diesen Salat aufzuschließen. Der Körper muß daher zusätzliche Betriebsenergie zur Verfügung stellen, indem er sein Fett abbaut. Die Ernährung ist unrationell.

Es ist klar, daß **ein** hartes Ei oder **eine** Orange nur eine geringe Belastung des Verdauungstraktes darstellen. Um wirklich viel Betriebsenergie zu verbrauchen und dadurch einen starken Fettabbau zu erreichen, sind viele harte Eier, viele Orangen und noch eine Menge anderer Dinge nötig.

Immerhin verstehen wir, daß für den Gewichtsverlust die energetisch unrationelle Form der Nahrung maßgeblich ist, nicht aber fix vorgeschriebene Quantitäten oder thermische Kalorienbestimmungen.

Die rationelle Ernährung

= Ernährung, die das Gewicht steigert

Gleichsam als Beweis für die Wirksamkeit der unrationellen Ernährung für die Gewichtsabnahme kann man die Zunahme bei rationeller Ernährung ansehen.

„Rationelle Ernährung" liefert Aufbauenergie, führt also zu Fettansatz und Gewichtszunahme. Wir werden dicker.

Die rationelle Ernährung ist das Gegenteil der unrationellen

Wird bei Übergewichtigen die Aufnahme möglichst großer Nahrungsmengen – in unrationeller Form – gefordert, so wird der Untergewichtige eher wenig, dies aber in rationeller Form essen müssen.

Für beide jedoch gilt: Nur dem individuellen Appetit und der Geschmacksrichtung entsprechend! Die an und für sich schon schwache Eßlust des Untergewichtigen würde durch die ständige Aufforderung, mehr zu verzehren, nur gehemmt werden.

Wesentlich ist, daß auch hier eine vollwertige Nahrung auf den Tisch kommt, die alle lebensnotwendigen Stoffe enthält.

Kurz gesagt

Im Allgemeinen kann gesagt werden, daß jene Nahrungsmittel angezeigt sind, welche für die unrationelle Ernährung anfänglich auf der Verbotsliste stehen. Dazu gehören Zucker, Mehl, Brot, Kartoffeln, Milch und Milchprodukte, Eierspeisen, Suppen und verschiedene Obstsorten.

Jedes Obst wird in Form von frischen Fruchtsäften mit reichlich Zucker oder als Kompott **nach** der Mahlzeit gegeben. Fleisch in kleinen Mengen, aber mit Soße, paniert oder faschiert. Gemüse für den, der es mag, mit Mehl gebunden. Kartoffeln häufig in Breiform, ebenso Hülsenfrüchte. Mehlspeisen und Süßigkeiten. Dem Erwachsenen ist Alkohol keineswegs verboten. Empfehlenswert sind gebundene Suppen, mit Rahm oder Mehl versetzt. Auf Salat wird selbstverständlich nicht verzichtet, doch er wird in kleinen Portionen nicht **vor** der Mahlzeit, sondern als Beilage zur Hauptspeise gegeben. Insgesamt wird das Essen auf vier oder fünf Mahlzeiten pro Tag verteilt.

Eine ungefähre Richtlinie für Untergewichtige könnte der folgende Tagesplan geben:

Beispiel eines Tagesplanes für Untergewichtige

Frühstück:

Milch oder Kakao, auch Tee oder Kaffee mit viel Milch und Zucker. Dazu Weißbrot mit Butter, Jam, Marmelade, Honig. Nachher ein großes Glas gezuckerter Fruchtsaft.

Mittagessen:

Gebundene Suppe oder Rindsuppe mit Einlage. Kleinere Mengen von Fleisch (paniert, faschiert; gedünstet oder gebraten, mit Soße). Dazu Kartoffeln oder Kartoffelbrei, Reis, Knödel, Nudeln usw. Hülsenfrüchte in Breiform. Gemüse mit Mehlzusatz oder überkrustet (gratiniert). Salat in kleinen Mengen. Mayonnaisen. – Nachher wieder gezuckerter Fruchtsaft.

Abendessen:

Wie Mittagessen. Oder Butterbrot mit Käse und Wurst, weiche Eier, Eierspeisen, Omeletten, gezuckerte Joghurt mit Rahm und Früchten.

Der Erfolg, nämlich die Gewichtszunahme, wird prompt eintreten. Und der Untergewichtige ist dankbar, sie auf so natürliche Weise, ohne

Zwang und die sattsam bekannte, quälende Aufforderung zum Vielessen, zu erreichen.

Der Appetit

Die unrationelle Ernährung und ihre Wirkung, basierend auf größtem Energieverbrauch, wurde beschrieben.

Ein wesentlicher Punkt bleibt aber noch zu besprechen – der Appetit. Sagt doch Dr. Humplik ausdrücklich:

„Unrationell essen, so viel als möglich, doch ausschließlich im Rahmen des individuellen Appetits, der persönlichen Geschmacksrichtung entsprechend!“

Gar nicht oft genug kann auf die Wichtigkeit dieser Forderung aufmerksam gemacht werden, die hier bewußt wiederholt wird. Ein lustloses, angewidertes Über-Essen käme einer Schoppung gleich und hätte keinerlei Erfolg.

Die Menge des Essens

Welche Mengen aber am Beginn der Behandlung von stark übergewichtigen Leuten mit bestem Appetit verspeist werden – das kann sich ein Schlanker gar nicht vorstellen! Und den

Betroffenen selbst, die ihr Idealgewicht bei zuletzt fast „normaler“ Ernährung erreichen, scheint das, was sie da einstmals geleistet haben, kaum mehr glaubhaft.

Anregung des Appetits

„Appetit kommt beim Essen“ heißt es. Ob das wirklich der Fall ist, hängt in großem Maße davon ab, wie das Essen zubereitet, gewürzt und angerichtet ist. Wenn Goethe sagt: „Das Essen soll zuerst das Auge erfreuen und dann den Magen“, so beweist das einen tiefen Einblick in wichtigste Lebensvorgänge. Rinnt das Wasser im Munde zusammen beim Anblick, beim Geruch oder gar schon beim Gedanken an eine Speise, dann kann kein Zweifel bestehen, daß der Appetit geweckt ist. Und eben dieser gesegnete Appetit, bisher Erzfeind aller Übergewichtigen, ist höchst erwünschter Helfer im Kampf gegen überflüssige Pfunde.

Guten Appetit!

Er, der noch lange rege bleibt, wenn der Hunger längst gestillt ist, er allein ist für Auswahl und Menge der Nahrung maßgeblich.

Gleichgültig, ob der Übergewichtige lediglich ein Gourmand ist, also ein Vielesser, oder ob er als Gourmet, als Feinschmecker, seine Auswahl treffen möchte: Im Rahmen des Erlaubten kommen beide zu ihrem Recht.

Was beeinflußt den Appetit noch?

Doch nicht nur von den vorgesetzten Speisen hängt der Appetit ab. Unzählige Komponenten sind an seinem Vorhandensein oder Fehlen beteiligt. Kein Appetit bei großer Hitze, bei Wetterwechsel, bei Nervosität und Krankheit. „Bärenhunger“ nach Bewegung in frischer Luft und nach sportlicher Betätigung – womit Sport und Wandern, auch wenn das Gewicht nicht unmittelbar reduziert wird, durch die Erweckung von Appetit hohe Bedeutung für den Übergewichtigen gewinnt.

„Appetit wird durch äußere Formen der Nahrungsmittel beeinflußt, vor allem durch Form und Farbe der Verpackung“ sagt der Motivforscher Dr. Ernest Dichter. Also Abhängigkeit von Reklame und Verkaufsmethoden. Und außerdem: „Ein Mangel an Anerkennung im Beruf, im gesellschaftlichen oder geistigen Leben wird von vielen Menschen durch übermäßiges Essen kompensiert.“ Da dieses Essen in den meisten Fällen in durchaus rationeller Form erfolgt, führt es dann zum Ansatz des bekannten „Kummerspecks“. Würde in diesen Situationen unrationell gegessen werden, dann gäbe es keine Gewichtszunahme.

Andere reagieren anders. „Mir ist der Appetit vergangen“ sagt man im ursprünglichen und im übertragenen Sinn. Sorgen und Unglück, bei dem Einen ausgesprochene Appetit-Auslöser, können ihn dem Anderen restlos verderben. Heißt es im Volksmund: „Es ist mir etwas über die Leber gelaufen", „Es liegt mir im Magen", „Mir geht die Galle über", so werden durchaus richtig seelische Gründe für körperliches Unbehagen verantwortlich gemacht.

Der Appetit verändert sich

Es ist zu hoffen, daß der Übergewichtige, der – angeregt durch dieses Buch – sein Idealgewicht zu gewinnen sucht, dies ohne psychische Belastung tun möge. Der gesunde Hunger und der – dem Gewicht entsprechend – zuerst riesige, dann abnehmende und zuletzt sich völlig normalisierende Appetit sollen ihm dabei helfen. Dr. Humplik berichtet von einem extrem Übergewichtigen, der zum Frühstück 15 harte Eier und $^1/_2$ kg Schinken aß. „Unmöglich" sagt der Normalgewichtige; „Kaum glaublich" der Übergewichtige. Aber haben Sie schon einmal 160 kg gewogen? Dann hätten auch Sie, mit größtem Appetit, solche Mengen verspeist.

Ist also der Appetit unbedingt notwendiger Anreiz und Triebfeder für den Übergewichtigen, der abnehmen will, so reduziert dieser sich, wie wir gesehen haben, gleichzeitig mit dem Gewichtsverlust auf ein ganz normales Maß.

Ziel der Humplik-Kur

Wie rasch soll man abnehmen?

Ziel der Kur ist es, das Übergewicht ohne schädliche Nebenwirkungen und mit dauerndem Erfolg abzubauen. Das Idealgewicht soll nicht im Rekordtempo erreicht werden, sondern durch eine möglichst stetige Reduktion des Übergewichts. Von dem, was in der allerersten Zeit strikt verboten ist, kann sehr rasch schon etwas zugesetzt werden.

„Wesentlich für den Dauererfolg ist die möglichst baldige Zugabe rationeller Nahrung".

Immer mehr von dieser rationellen Nahrung ergänzt im Laufe der Zeit die unrationelle. Dr. Humplik nennt das „Belastung". Geht die Abnahme einmal zu rapid vor sich, so werden größere Mengen rationeller Lebensmittel verordnet, um dem Einhalt zu gebieten. Ein zu schnelles Sinken des Gewichts ist nicht erwünscht. Der Körper muß Gelegenheit haben, sich langsam der neuen Situation anzupassen; er muß sich gleichsam einpendeln.

Wie hält man das Gewicht?

Ist das Idealgewicht erreicht, dann gibt es kaum noch Verbote. Auf Zucker in Getränken sollte allerdings noch längere Zeit verzichtet werden. Einmal täglich soll weiterhin eine unrationelle Hauptmahlzeit eingenommen werden. Täglich muß mindestens $^1/_2$ kg Obst gegessen werden. Häufig essen ist weiterhin wichtig.

Der ehemals Übergewichtige hat sein Gewicht jetzt völlig in der Hand. Er hat gelernt, rationelle Nahrung nötigenfalls durch entsprechende Mengen unrationeller Nahrung zu kompensieren. Kommt es also einmal dazu, daß er ein oder zwei Kilo zunimmt, so genügen wenige Tage unrationeller Ernährung, um alles wieder ins Gleichgewicht zu bringen.

Am Rande sei vermerkt:

Idealgewicht und Idealgestalt

Idealgewicht ist nicht gleichbedeutend mit Idealgestalt.

In manchen Fällen wird allerdings beides identisch sein. Und außerdem: Die Haut, die beim Hungern schlaff und faltig wird, behält durch die massive Energiezufuhr bei der Humplik-Kur ihre Spannkraft, auch wenn die Gewichtsabnahme 40 Kilogramm oder mehr beträgt.

Das Idealgewicht kann zeitlebens gehalten werden. Das Ziel der Kur ist erreicht. Und wir haben eine der Hauptursachen für viele körperliche und seelische Leiden ausgeschaltet.

Statistik

Die folgende Statistik der durchschnittlichen Gewichtsabnahme soll nur Anhaltspunkte geben – der Spielraum ist für jeden Menschen verschieden. Die Abnahme beträgt:

Nach dem 3. Tag:	1,87 kg	(Minimum 0,5, Maximum 3,8).
Nach 1 Woche:	2,45 kg	(Minimum 0,8, Maximum 4.8).
Nach 2 Wochen:	3,17 kg	(Minimum 1,1, Maximum 5,8).
Nach 4 Wochen:	4,90 kg	(Minimum 2,0, Maximum 9,0).
Nach 4 Monaten:	15,00 kg.	

Durchführung der Humplik-Kur

A. VORGESCHRIEBEN IST

(So viel als möglich, jedoch immer nur dem Appetit entsprechend.)

1.Eiweiß:

Jedes magere Fleisch (gebraten, gegrillt, gekocht, geräuchert, gedörrt, roh; nicht faschiert – mit Ausnahme von Beefsteak à la tartare –, nicht paniert, nicht in Mehl gewälzt, nicht mit Soße. Keine Innereien außer Herz und Leber). Jedes magere Geflügel. Zum Frühstück hartgekochte Eier.

2.Kohlenhydrate:

a) Roh: „Grünzeug“ wie Radieschen, Rettich, Salatgurken (ungeschält), Kohlrüben, frische Paprikaschoten, Tomaten, Sauerkraut; alle Sorten Blattsalat; Pilze; Salz- und Essiggurken (ungeschält). Frischobst: Orangen, Grapefruits, ungeschälte Äpfel (Nicht in Saftform! Kein Kompott!).

b) Gekocht oder mit sparsamer Verwendung von Kern- oder Keimöl gedünstet, ohne Mehl, nicht als Brei: Sämtliche Sorten von Blattgemüse (Kohl, Kraut, Kohlsprossen, Spinat natur), Sauerkraut, frischer Stangenspargel, Karfiol, Pilze.

3.Fett:

In Form von Kernöl (z. B. Sonnenblumenkernöl, Kürbiskernöl usw.) oder Keimöl. Kein Olivenöl! Öl sparsam verwenden.

LISTE DER UNRATIONELLEN NAHRUNGSMITTEL

Mageres Fleisch!

Rind:

Rindsbraten

Lungenbraten

Beefsteak

Pfeffersteak

Rumpsteak

Roastbeef

Rindfleisch (Ochsenfleisch) gekocht

Rind:

Rindsbrust gepökelt, gekocht

Beefsteak à la tartare

Kalb:

Kalbsbraten

Kalbsschnitzel natur

Kalbskotelett

Kalbsstelze

Kalbsherz

LISTE DER UNRATIONELLEN NAHRUNGSMITTEL

Kalb:

Kalbsleber

Kalbszunge,
frisch oder geräuchert

Schwein:

Schweinebraten

Schweinsschnitzel natur

Schweinskotelett

Schweinsstelze

Schweinszunge,
frisch oder geräuchert

Schinken
roh, gekocht oder gebraten

Lachsschinken

Schwein:

Westfäler Schinken

Rollschinken

Geräuchertes Schweinefleisch
(Kasseler, Selchfleisch,
Bauernschinken)

Hammel / Lamm:

Lammbraten

Lammrücken

Lammschulter

Kaninchen

Geflügel:

Brathuhn

LISTE DER UNRATIONELLEN NAHRUNGSMITTEL

Geflügel:

Gekochtes Huhn

Hühnerleber

Truthahn

Ente (mager!)

Taube

Wild:

Rehfilet

Rehrücken

Rehschlögel

Hirschfilet

Wildschweinbraten

Wild:

Hasenbraten

Wildgeflügel:

Fasan

Rebhuhn

Haselhuhn

Wachtel

Wildente

Schnepfe

Eier:

hartgekochte Eier

Soleier

LISTE DER UNRATIONELLEN NAHRUNGSMITTEL

Salat:

(Statt Vorspeise und Suppe, mittags und abends! Mit Essig, ungesüßtem Senf, Kräutern, Öl. – Ölsorten: Sonnenblumenkernöl, Kürbiskernöl, Keimöl usw..)

Kopfsalat

Endiviensalat

Schnittsalat

Rapunzelsalat

Brunnenkresse

Chinakohl

Chicoréesalat

Radicchiosalat

Salat:

Fenchelsalat

Sauerkrautsalat

Krautsalat (ohne Speck)

wildwachsende Sorten (Löwenzahn, Sauerampfer usw.)

Grünzeug:

Radieschen

Rettich

Bierrettich

Salatgurken (möglichst ungeschält)

LISTE DER UNRATIONELLEN NAHRUNGSMITTEL

Grünzeug:

Tomaten
(nur roh oder gegrillt)

Kohlrüben (nur roh)

Sellerie (nur roh)

Stangensellerie (nur roh)

Karotten (nur roh)

Stangenspargel (frisch)

Karfiolröschen

Frische Paprikaschoten

Sauerkraut

Essiggemüse

Essigpilze

Grünzeug:

Essig- und Salzgurken
(ungeschält)

Kapern

Pilze (roh oder gegrillt)

Kren (= Meerrettich)

Gemüse:

(In Salzwasser gekocht oder mit wenig Öl gedünstet; ohne Mehl zubereitet.)

Kohl alle Arten wie:

Grünkohl
(= Krauskohl)

Wirsingkohl

LISTE DER UNRATIONELLEN NAHRUNGSMITTEL

Gemüse:

Kohlsprossen
(= Rosenkohl)

Broccoli
(= Stengelkohl)

Kraut
(= Weißkraut)

Krautsalat
(warm, ohne Speck)

Sauerkraut

Rotkraut

Karfiol
(= Blumenkohl)

Kochsalat natur

Spinat natur
(das heißt die unzer-
kleinerten Blätter)

Chicorée

Fenchel

Paprikaschoten

Stangenspargel (frisch)

Pilze

Kräuter:

Basilikum

Borretsch

Dill

Estragon

LISTE DER UNRATIONELLEN NAHRUNGSMITTEL

Kräuter:	Gewürze:
Kerbelkraut	Chillies
Liebstöckel	Curry
Majoran	Essiggemüse
Melisse	Gewürznelken
Petersilie	Gurken
Pfefferminze	Kapern
Rosmarin	Koriander
Salbei	Kümmel
Sauerampfer	Lorbeerblätter
Schnittlauch	Muskat
Thymian	Paprika
Ysop	Pfeffer

LISTE DER UNRATIONELLEN NAHRUNGSMITTEL

Gewürze:

Pilze

Salz

Selleriesalz

Wacholderbeeren

ungesüßter Senf

englische Soße

Suppenwürze

Obst:

(Nie in Saftform; kein Kompott!)

Orangen

Grapefruits

Obst:

(auch Ruby Red und ähnliche Spezialsorten)

Äpfel (ungeschält)

Ab „Belastungsstufe 1“:

Birnen (ungeschält)

Marillen (ungeschält)

Pfirsiche (ungeschält)

Weintrauben (dickschalig)

Getränke:

(Nach Wunsch mit künstlichem Süßstoff.)

Wasser

LISTE DER UNRATIONELLEN NAHRUNGSMITTEL

Getränke:	Getränke:
Mineralwasser	Malven
Kräutertee	Pfefferminz usw.
Hagebutten	Kein Abführtee!
Kamillen	Kaffee (nicht jedoch bei der Testdiät) mit etwas Milch.
Lindenblüten	

Bei Salat, Gemüse und Obst sind nur die in Europa gebräuchlichen Sorten erwähnt. Hier soll nur das in der Liste Enthaltene Verwendung finden!

Natürlich gibt es Kranke, denen der Arzt hartgekochte Eier, Paprikaschoten, Salz usw. verboten hat. Sie müssen sich daran halten. Der Gesunde aber soll auf Salz nicht verzichten; der Mensch braucht 7 bis 8 Kilogramm davon pro Jahr.

B. VERBOTEN IST

ANFÄNGLICH VERBOTEN

Mehl- und Getreideprodukte:	Zucker:
Brot	Süßspeisen
Gebäck	Backwaren
Mehlspeisen	Schokolade
paniertes oder in Mehl gewälztes Fleisch	Bonbons
paniertes oder eingebranntes Gemüse	Eis
Knödel	Honig
Teigwaren	Marmelade
Grieß	Ketchup
Mais usw.	Chutney
	gezuckerte Getränke
	Fruchtsäfte

ANFÄNGLICH VERBOTEN

Zucker:

Kompott.

Kartoffeln:

da sie zu rasch sättigen und dadurch die Aufnahme genügender Mengen von unrationeller Nahrung verhindern.

Milch und Milchprodukte:

Butter

Joghourt

Käse

Rahm

Topfen

Schlagobers,...

Tierische Fette Olivenöl:

Würste und Faschiertes:

Ausnahme:
Beefsteak à la tartare.

Reis und Hülsenfrüchte:

Bohnen

Erbsen

Linsen

Grüne Bohnen (=Fisolen)

Fisch:

Innereien:

Ausnahme:
Leber, Herz.

ANFÄNGLICH VERBOTEN

Eier:

Ausnahme:
Hartgekochte Eier

Suppen

Folgende Getränke

- Alkoholische Getränke
- Kaffee auf leeren Magen
- Kaffee während der Testdiät
- russischer Tee
- Abführtee
- Zitronensaft
- Obst- und Gemüsesäfte

Einige Obstsorten

Anfangs

- Pfirsiche
- Marillen
- Birnen
- Pflaumen
- Weintrauben

Weiterhin bis zur „normalen Ernährung“

- Feigen
- Datteln
- Bananen
- Beerenobst

ANFÄNGLICH VERBOTEN

Einige Gemüse

Karotten

Ausnahme:
rohe Karotten

Rüben

Schwarzwurzeln

Einige Gemüse

Zwiebeln

Püriertes Obst und Gemüse

Zuckerhältiger Senf

IMMER VERBOTEN

Was nicht vertragen wird.

Essenspausen, die länger als 2 Stunden dauern.
(Ist wirklich kein Hunger vorhanden, genügt ein Bissen.)

Hungern oder Fasten.

C. TAGESABLAUF DER HUMPLIK-KUR

FRÜHSTÜCK: Kräutertee (Pfefferminz, Hagebutten, Kamille, Lindenblüten, Malve usw.), nach Wunsch mit künstlichem Süßstoff. Kein Abführtee! – Kaltes mageres Fleisch (je nach Geschmacksrichtung), Schinken, hartgekochte Eier, „Grünzeug“, ungeschälte Salz- und Essiggurken.– Orangen, Grapefruits, ungeschälte Äpfel (nicht in Saftform! Kein Kompott!).

anschließend:

Mindestens alle 2 Stunden das erlaubte Obst bzw. „Grünzeug“ oder ein Stückchen Fleisch.

MITTAGESSEN:

Als Vorspeise immer eine große Portion grüner Salat (mit Essig; Kern- oder Keimöl nach Geschmack, nicht übermäßig); dem Salat kann „Grünzeug“ beigemengt werden. – Jedes magere Fleisch und Geflügel; Gemüse (welches womöglich ab und zu an Stelle von Fleisch als Hauptgericht verabreicht werden soll). – Obst.

anschließend:

Mindestens alle 2 Stunden Obst, „Grünzeug“, Fleisch. Ist kein Appetit vorhanden, dann genügt ein Radieschen oder eine Apfelspalte.

ABENDESSEN:

Siehe Mittagessen. Anschließend Obst.

D. BEMERKUNGEN ZUR HUMPLIK-KUR

Wann essen?

Es kann zu jeder Tages- und Nachtzeit, wann immer der Appetit erwacht, unrationell gegessen werden. Obst etwa oder „Grünzeug“, etwas kalter Braten oder ein Radieschen.

Gewürze

Zur Geschmacksverbesserung werden Pfeffer und Salz, Gewürze, Kräuter, Kren, Essig, ungesüßter Senf, eingelegte Salz- und Essiggurken, englische Soße usw. verwendet. Salz und Gewürze regen den Appetit an und fördern die Bildung der Verdauungssäfte.

Vorsicht ist geboten beim Kauf fertiger Salate. Sie dürfen keinen Zucker enthalten! Auch bei allen Sorten von Senf und Kren muß man darauf achten. Ketchup darf nicht verwendet werden.

Fleisch

Fleisch muß mager sein. Es wird frisch oder geräuchert verwendet und soll gekocht, gegrillt, geröstet oder mit möglichst wenig Kern- oder Keimöl gebraten werden. Panieren, Faschieren und Backen, Saft und Soßen sind verboten!

Gemüse

Tomaten, Sellerie und Karotten sollen nur in rohem Zustand (höchstens gegrillt) genossen werden. Spinat nur „natur". das heißt die unzerkleinerten Blätter; Schwarzwurzeln und Rüben sind verboten, Zwiebeln eine Zeitlang ebenfalls. Jedes Gemüse wird entweder in Salzwasser gekocht oder unter sparsamer Anwendung von Kern- oder Keimöl, jedoch ohne Mehlzusatz, gedünstet. Einiges, wie Pilze und Paprikaschoten, eignet sich auch bestens zum Grillen. Kohl soll im Ganzen oder in halbierten Köpfen serviert werden; auch andere Gemüsesorten nicht allzusehr zerkleinert. Spargel ist nur frisch erlaubt, keine Konserven; auch sollen etwa nicht nur die Köpfe, sondern die ganzen Stangen gegessen werden. Immer ist abwechslungsreiches Würzen und Beifügen von frischen Kräutern erwünscht. Kräuter enthalten reichlich Vitamine und bringen durch Duft- und Geschmacksstoffe Abwechslung in den Speisezettel.

Äpfel werden ungeschält gegessen, nach Möglichkeit auch die frischen Salatgurken.

Wer Zitronenaroma besonders liebt, wird Zitronenmelisse verwenden.

Fisch

Fisch – gekocht, gebraten oder vom Grill – ist bei planmäßiger Abnahme schon bald erlaubt.

Appetit anregen!

Es ist wesentlich, daß der Übergewichtige sich überlegt, worauf er Appetit hat – ist doch der gesegnete Appetit wichtigste Unterstützung. Ob das etwa eine Ente mit Rotkraut ist oder ein gegrilltes Huhn mit Kohlsprossen, gekochtes Rindfleisch mit Spinat, ein saftiges Roastbeef, zartes Rehfilet oder eine Kalbsstelze mit warmem Krautsalat. Rinnt uns bei solchen Überlegungen das Wasser im Munde zusammen, dann haben wir schon gewonnen. Auch der behandelnde Arzt wird immer wieder auf die Vielfalt und die Variationsmöglichkeiten der erlaubten Nahrung hinweisen.

Mag man etwa Schinken oder harte Eier nicht mehr, dann werden sie gestrichen. Bei vorher starken Brotessern schwindet der Appetit auf Brot nach einigen Tagen unrationeller Ernährung. Wer früher viel Süßigkeiten aß, wird seinen Kohlenhydrathunger nun mit großen Mengen von Obst stillen; es ist daher wichtig, die Apfelsorte zu finden, die einem am besten schmeckt.

Hat man einmal gar keinen Appetit, dann soll man nicht etwa nur ein Radieschen oder eine Apfelspalte essen. Das würde zu nichts führen. Viel besser ist es, eine Mahlzeit ganz ausfallen zu lassen. Wie groß wird der Appetit auf die nächste sein!

Schwierigkeiten?

Zuweilen kommt es vor, daß die Gewichtsabnahme vorübergehend ins Stocken gerät. Dafür gibt es verschiedene Gründe:

Wetter

Häufig sind abnorme Witterungseinflüsse die Ursache, ein Tief oder Föhneinfall. Dabei reagieren manche Menschen bereits auf das Nahen des Föhns, manche erst, wenn der Sturm schon tobt. Der Organismus besteht aus 70 bis 75% Wasser; auf Grund atmosphärischer Einflüsse kann es zu Wasserretentionen kommen, die oft bis zu 6% des jeweiligen Gewichtes ausmachen und sich als spontane Zunahme äußern.

Streß

Eine andere Ursache sind Streßsituationen. Auch wenn sie körperlich bedingt sind, wie bei Überanstrengung und Gewaltleistungen, ist meist eine psychische Komponente beteiligt. Häufig ist der Streß rein psychisch – bei Seelenkummer, geistiger Überforderung, bei dem Gefühl, zurückgesetzt oder unterbewertet zu sein.

Krankheit

Ebenso kann Krankheit die Abnahme unterbrechen. Selbst der begabteste Esser wird die meisten Speisen verschmähen, wenn er mit Grippe im Bett liegt.

Menschen, die aus kosmetischen Gründen einige Kilo abnehmen wollen, ohne aber tatsächlich übergewichtig zu sein, werden durch die unrationelle Ernährung keine Gewichtsreduktion erzielen.

Stop des Rauchens

Gewöhnt man sich während der Kur die Zigaretten ab, so ist das sehr löblich. Allerdings ist zu berücksichtigen, daß normalerweise bei Leuten, die das Rauchen einstellen, eine Gewichtszunahme von durchschnittlich 3 bis 5 Kilo auftritt; während der Diät wird die Gewichtsabnahme nicht so rasch wie sonst erzielt.

Hormonelle Einflüsse

Frauen haben manchmal eine vorübergehende Zunahme während der Menstruation und des Follikelsprungs. Sie ist bedeutungslos. Zu bedenken wäre, daß das Einnehmen der „Pille" die Gewichtsabnahme verlangsamt.

Hungerkur

Direkt im Anschluß an eine Hungerkur kommt es trotz unrationeller Ernährung zuweilen zu einem leichten Gewichtsanstieg; in wenigen Tagen jedoch beginnt die fallende Tendenz.

Der Rückgang der Körpermaße muß durchaus nicht konform gehen mit der Abnahme des Körpergewichts. Tritt beim Gewicht ein Stillstand ein, so gehen für gewöhnlich die Maße trotzdem weiter zurück. Bleiben also zeitweise die Kilogramm erhalten, so reduziert sich doch der Leibesumfang.

Selbstverständlich hört jede Gewichtsabnahme auf, wenn das Idealgewicht erreicht ist. Die Ideal**gestalt** allerdings ist etwas anderes. Sie wird immer nur Wenigen erreichbar sein.

Zugabe rationeller Nahrung

Es wurde schon erwähnt, daß eine baldige, gesteuerte Zugabe rationeller Nahrung wesentlich ist für den Dauererfolg.

Liegt die Abnahme im Rahmen der Durchschnittswerte oder darüber (Anhaltspunkte dafür finden Sie im vorhergehenden Kapitel), dann werden bald „Belastungen" eingeschaltet. Diese sind aber nur 1 mal täglich erlaubt, im übrigen bleibt die Ernährung streng unrationell. Wird die konstante Gewichtsabnahme durch die rationellen Beigaben unterbrochen, dann sind diese sofort wieder zu streichen.

3 Belastungsstufen

Belastungsstufe 1: Zum Frühstück Brotrinde oder etwas grobes Vollkornbrot. An Obst (doch nach wie vor nicht in Form von Säften oder Kompott!): Ungeschälte Birnen, Pfirsiche, Marillen, möglichst dickschalige Weintrauben.

Belastungsstufe 2: Reis; Hülsenfrüchte (nicht in Breiform); magere, mehlfreie Wurst; gekochter oder gebratener Fisch; Zwiebeln in kleiner Menge. Nach dem Abendessen (nicht etwa an Stelle des Abendessens!) etwas Käse, z. B. Apfel mit Gervais, Birnen oder Fenchel mit Brie.

Belastungsstufe 3: 1 mal täglich, je nach Appetit, völlig freie Ernährung. Alkohol (nicht übermäßig).

Abschluß der Humplik-Kur

Wann diese Belastungen gegeben werden können, ist individuell gänzlich verschieden. Bei programmgemäßem Verlauf der Gewichtsabnahme Belastungsstufe 1 meist schon nach zwei, Belastungsstufe 2 nach vier Wochen. Jedenfalls werden immer mehr rationelle Lebensmittel zugesetzt, bis die Ernährung zuletzt, vom Frühstück bis zum Abendessen, fast vollkommen normal ist (siehe vorhergehendes Kapitel).

Der Körper, vernünftig ernährt, eingestellt auf eine angemessene Kostform, regelt nun seine Nahrungsaufnahme einzig und allein mit Hilfe des Appetits. Und dieser, einstmals so groß, ist auf sein normales Maß zurückgegangen.

Die Testdiät

Bei einem Übergewicht von nur wenigen Kilogramm ist die Durchführung einer Testdiät nicht notwendig.

Bei größerem Übergewicht jedoch soll der Arzt aufgesucht werden, der das Testessen an den Beginn der Behandlung stellt. Nur der mit der Methode vertraute Arzt kann aus den Resultaten der Testtage die für die weitere Behandlung und den Dauererfolg maßgeblichen medizinischen Schlüsse ziehen.

Testdiät genau einhalten!

Dieses Testessen ist das Einzige an der Humplik-Kur, das schematisch exakt vorgeschrieben und genau einzuhalten ist. Aufmerksame werden bemerken, daß bei beiden Mittagessen (am ersten und am dritten Tag) gekochtes Rindfleisch vorgeschrieben ist und daß Gemüse hier ohne Öl zubereitet werden muß. Doch keine Angst vor Entbehrungen! Sie sind wirklich nur auf drei Tage beschränkt. Nachher ist nur noch, im Rahmen der Diät, die persönliche Geschmacksrichtung zu beachten.

Schon während der dreitägigen Testzeit ist massive Nahrungsaufnahme geboten. Ab dem Mittagessen des ersten Tages ißt man nichts mehr bis zum Mittagessen des zweiten Tages. Es fallen also ein Abendessen und ein Frühstück aus. In dieser Zeit sind warmer oder kalter Kräutertee sowie Wasser und Mineralwasser gegen Hungergefühle sehr wirksam und unbeschränkt erlaubt.

Aus der Abnahme innerhalb der drei Tage kann der Arzt Schlüsse ziehen und weitere Vorschriften ableiten.

Regelmäßig Gewicht und Körpermaße bestimmen!

Eine Testdiät ist also bei größerem Übergewicht nötig. Am Nachmittag des Tages, der dem Einsatz der Testdiät vorausgeht, muß das Gewicht exakt bestimmt werden, ebenso die genauen Körpermaße, und zwar der Umfang von Brust, Bauch, Taille, Hüfte, Oberarm, Oberschenkel und Wade. Es ist wichtig, sich präzise an diese Vorschriften zu halten. Markierungen auf der Haut mit einem Kugelschreiber erweisen sich als sehr praktisch bei den wöchentlichen Kontrollmessungen.

Mit dem Frühstück beginnt dann die Testdiät, die im Folgenden – schematisiert, für alle Gesunden gleich – beschrieben wird.

Die Testdiät ist genauestens einzuhalten! Erlaubt sind nur die angegebenen Nahrungsmittel und Getränke!

Testdiät

1. Tag

FRÜHSTÜCK: In größtmöglicher Menge (aber stets im Rahmen des persönlichen Appetits) magerer Schinken, harte Eier; dazu wahlweise frische Paprikaschoten, rohes Sauerkraut, Radieschen, rohe Salatgurken (möglichst ungeschält), rohe Kohlrüben, Tomaten. Pfeffer und Salz, Gewürze und Kräuter, ungesüßter Senf, Kren nach Geschmack.

Getränke:

Kräutertee (Pfefferminze, Hagebutte, Kamille, Lindenblüte, Malve usw.), nach Wunsch mit künstlichem Süßstoff.

anschließend: Mindestens alle 2 Stunden Orangen oder Grapefruits (nicht in Saftform, kein Kompott!), ungeschälte Äpfel.

MITTAGESSEN: An Stelle von Suppe eine große Portion grüner Salat (mit Essig und Kernöl). – Gekochtes Rindfleisch mit Essigkren. – Als Nachtisch wahlweise Äpfel, Orangen, Grapefruits.

anschließend: Keine weitere Nahrungsaufnahme bis zum Mittagessen des zweiten Tages. Kräutertee, Wasser oder Mineralwasser nach Belieben.

2. Tag

FRÜHSTÜCK: Nur Kräutertee. Bis zum Mittagessen keine weitere Nahrungsaufnahme.

MITTAGESSEN: Wahlweise Karfiol, Kohl, Spinat natur, Kraut, Kohlsprossen – ohne Fett, nur in Salzwasser gekocht.

anschließend: Mindestens alle 2 Stunden wahlweise Orangen, Grapefruits,

2. Tag

	ungeschälte Äpfel; Radieschen, Salatgurken, Paprikaschoten, rohe Kohlrüben.
ABENDESSEN:	Siehe Mittagessen.
anschließend:	Äpfel, Orangen, Grapefruits.

3. Tag

FRÜHSTÜCK:	Kräutertee. Wahlweise Radieschen, Salatgurken, Paprikaschoten, rohe Kohlrüben.
anschließend:	Mindestens alle 2 Stunden wahlweise Äpfel, Orangen, Grapefruits.
MITTAGESSEN:	Wie am ersten Tag.
nachmittags:	Nachmittags werden Gewichtsabnahme und Rückgang der Körpermaße bestimmt. Auf Grund dieser Angaben wird der Arzt seine weiteren Maßnahmen treffen.
ABENDESSEN:	Anschließend an die Testdiät beginnt mit dem Abendessen des dritten Tages die eigentliche Humplik-Kur. Sie muß eingehalten werden, bis das Idealgewicht erreicht ist.

Die Testdiät darf wiederholt werden

Sollte bis zum Ende der vierten Woche die Gewichtsabnahme nicht mindestens 2,80 Kilogramm betragen, sind neuerlich drei Test-Tage einzuschalten; dies ist, wenn nötig, auch mehrmals zu wiederholen, und zwar immer in vierwöchigem Abstand. Anschließend muß die Diät wiederum auf die strenge Norm der ersten Woche eingestellt werden, so lange, bis eine kontinuierliche Abnahme eintritt.

Anregungen für den Speisezettel

Das Essen soll schmecken

Es gibt eine Unzahl von Möglichkeiten für die abwechslungsreiche Gestaltung des Speisezettels. Werden auch Topfenknödel und Omeletten ausgeklammert, so bleibt dennoch genug zur Auswahl übrig. Mit ein wenig Liebe und Phantasie können die herrlichsten Menüs zusammengestellt werden. Wer könnte einer bunten Salatplatte widerstehen, wer einer Auswahl von Gemüsen, die schön angeordnet und mit Sträußchen von Petersilie verziert auf den Tisch kommt? Wer den verschiedenartigsten, auf immer neue Art hergestellten und gewürzten Sorten von Fleisch, Geflügel und Wild?

Viel essen! Häufig essen!

Das Viel-essen-dürfen – ja: Das Viel-essen-sollen – ist eine große Erleichterung für alle, die vorher schon Abmagerungskuren gemacht haben. Prof. Lauda sagte: „Es gibt keine Entfettungskur ohne Hungergefühl“. Und bis zur Humplik-Kur gab es auch keine. Nun aber: Kein schlechtes Gewissen mehr vor vollen Tellern! Satt und dabei schlank werden!

Satt essen!

Doch nicht nur das wohlige Gefühl des Sattseins macht die Humplik-Kur so angenehm. Es ist vor allem auch die biologisch hochwertige Kost mit ihrem reichlichen Gehalt an allen für den Körper notwendigen Stoffen. Der so ernährte Mensch wird energetisch gedopt und fühlt sich in kurzer Zeit energiegeladen, voll von Arbeitsfreude und neuem Lebensgefühl, so als wäre er jünger geworden.

Abwechslungsreich essen!

Zuletzt werden als Anregung für den Menüplan noch einige Vorschläge gemacht. Natürlich handelt es sich absolut nicht um eine starre Reihenfolge! Es soll nur gezeigt werden, wie abwechslungsreich man das Essen gestalten kann und wie leicht es möglich ist, zuweilen die „Reste von gestern Mittag“ heute Abend, kalt und appetitlich garniert, in anderer Form auf den Tisch zu bringen.

Als Vorspeise gibt es immer eine große Portion Salat!

Beefsteak
gegrillte Tomaten
gegrillte Herrenpilze

Rindfleisch gekocht
Essigkren
Spinat natur

Schinkenbraten mit Oregano
Wirsingkohl

Roastbeef
Kohlsprossen

Brathuhn
gedünstetes Weißkraut mit
Kümmel und Paprika

Lammkotelett gegrillt
Champignons gegrillt

Gemischt Gekochtes:
Huhn, Ochsenfleisch, Zunge
Kohl natur

Hasenrücken gebraten
Rotkraut

Kalbsschnitzel natur, belegt
mit Schinkenscheiben,
Salbeiblättern und gerösteter
Hühnerleber.

Gerollter Rostbraten, gespickt mit Essiggurken,
Fenchel gedünstet

Rumpsteak
gedünstete Paprikaschoten,
gebratene Petersilie

Lammschulter gebraten
mit Rosmarin, Broccoli

MITTAG

Rehfilet Essigfrüchte Rotkrautsalat	Kalbsstelze gebraten Chinakohl gekocht
Schweinsfiletspieß gegrillte Pilze, Paprika- schoten und Tomaten	Irish Stew (ohne Kartoffeln gekocht)
Rinderbraten Kohl (halbierte Köpfe)	Kalbszunge gekocht Weißkraut mit Pfeffer und Dill
Schweinebraten Sauerkraut mit Kümmel	Huhn gekocht rote Paprikaschoten in Essig, Chicoréesalat
Selchfleisch, in Weißkraut gedünstet	Truthahn gebraten Bratäpfel, gegrillte Tomaten
Kalbsmedaillons gegrillt Spinat natur	Hammelbraten Karfiol
Pfeffersteak (ohne Soße) Essiggemüse	Ente (mager) gebraten Rotkraut

ABEND

Rollschinken gegrillt
warme hartgekochte Eier
Radieschen

Kalter Schweinebraten
Brunnenkresse

Kalter Rindfleischsalat mit Essiggurken, Tomatenvierteln, Paprikastreifen, Petersilie

Gemüseplatte:
Gekochter Karfiol, Chicorée, Stangenspargel

Kalte Platte:
Roastbeef, Kalbsbraten, Senf, Essiggurken

Gegrillte Lungenbratenschnitte, Salzgurken

Kalbsherz
Bratäpfel

Beefsteak à la tartare (ohne Ei), Kapern, Essiggurken, Gewürze und Kräuter, Senf

Krautfleisch:
Mageres Schweinefleisch mit Sauerkraut und Paprikapulver gedünstet

Kalte Platte:
Bündnerfleisch, Tomaten, Salatgurkenscheiben, Kohlrüben, Radieschen

Nizzaer Salat:
Stücke kalten Brathuhns, Schinkenscheiben, Eierviertel, Tomatenscheiben, grüne und rote Paprikaschoten, Kapern, ein großer Kopf Salat, Petersilie; Salz, Pfeffer, Essig, Kernöl

Salatplatte:
Salatgurken, Tomaten, gehobeltes Weißkraut, schwarzer Rettich, Stangensellerie, Champingnons in Essig, Petersilie, Schnittlauch

Kaltes Brathuhn
rohe Kohlrüben, Radieschen

Warme Spargelplatte
Westfäler Schinken

Kalte Kalbsstelze
Essiggurken

Schweinskotelett natur
Kohlsprossen

Rebhuhn gebraten
warmer Krautsalat
(ohne Speck)

Gemischter Spieß:
Rindfleisch, Schweinefleisch, Tomaten, Pilze

Warme Gemüseplatte:
Kohl, Broccoli, Fenchel

Kohl und Karfiol gekocht

ABEND

Kalte Räucherzunge
Sauerkrautsalat mit
Paprikastreifen

Kalte Platte:
Schinken mit Kren, Westfäler
Schinken, Schweinebraten

Hühnerbrust auf grünem Salat
kalter Stangenspargel

Räucherzunge gekocht, Kren

Gemüseplatte:
Chinakohl, Fenchel, Chicorée,
Paprika, warme harte
Eier mit Schnittlauch

Warmes Selchfleisch
(Kasseler) Sauerkraut mit
Wacholderbeeren

Bitte beachten:

Vergessen Sie nicht, zwischen den Mahlzeiten, **entsprechend dem Appetit**, spätestens alle zwei Stunden Äpfel, Orangen, Grapefruits, Radieschen, Schinken, kaltes Fleisch, ...zu essen.

Ein Beispiel
(siehe Schemas auf den Seiten 118 - 123)

1 Sie können die Diät jederzeit mit der Testdiät (siehe Seite 105 /106) beginnen. Berufstätige fangen am besten am Samstag an, da meistens zwei arbeitsfreie Tage die Durchführung der Testdiät erleichtern. Vorher bestimmen Sie Ihr Gewicht und Ihre Körpermaße und tragen sie mit dem Datum in Ihr Diagramm (siehe Ende des Buches) ein. Auch die Körpergröße, das Ausgangsgewicht und das von Ihrem Arzt empfohlene Gewicht werden festgehalten. Das Diagramm wird beschriftet: An den linken oberen Rand kommt der eigene nächsthöhere runde Kg-Wert mit einer „0" am Ende. Wiegen Sie z. B. 75 kg, so schreiben Sie „8" vor die bereits vorgedruckte „0", damit dann „kg 80" links oben steht. Im entsprechenden Abstand darunter ergänzen Sie in diesem Fall auf „70", „60" und „50".

2 Die Testdiät dauert fast 3 Tage (siehe Schema Seite 118).

3 Am Nachmittag des 3.Tages (bei Berufstätigen am Montag) bestimmen Sie dann wieder Ihr Gewicht und Ihre Maße. Die Werte werden mit dem Datum im Diagramm notiert. Jetzt können Sie sich schon über den ersten Erfolg freuen!

4 Am 3.Tag beginnt mit dem Abendessen die Grundform der Humplik-Kur (siehe Seite 81 bis 95). Während Ihnen bei der

Testdiät das Essen genau vorgeschrieben wurde, können Sie sich jetzt bei der Grundform immer Ihre Menüs aus einer Liste von Nahrungsmitteln selbst zusammenstellen. Eine wesentliche Gemeinsamkeit haben allerdings Testdiät und Grundform: Die Menge des Essens und der Getränke ist nicht beschränkt, sondern richtet sich nur nach Ihrem Appetit. Die Grundform wird 2 Wochen lang eingehalten (siehe Schema Seite 119).

5 Nun wird die Diät noch leichter durchführbar. Die bisher nur „unrationelle" Ernährung (= Grundform) wird durch die „rationellen" Nahrungsmittel der Belastungsstufen (siehe Seite 101/102) erweitert. Diese sind nur 1 mal täglich erlaubt, die Grundform muß also weiterhin streng beibehalten werden. Wird die konstante Gewichtsabnahme durch eine Belastungsstufe unterbrochen, dann ist diese Stufe sofort wieder zu streichen. Zuerst 2 Wochen mit Belastungsstufe 1 (siehe Schema Seite 120) essen.

6 Zwei Wochen mit Belastungsstufe 1 und 2 (siehe Schema Seite 121) essen.

7 Zwei Wochen mit Belastungsstufe 1, 2 und 3 (siehe Schema Seite 122) essen.

8 Zur Sicherung des Erfolges (siehe Schema Seite 123)

a) weiterhin oft essen,

b) weiterhin ausreichend Obst (siehe Seite 17) essen,

c) 1 mal täglich zu einer Hauptmahlzeit nach der Grundform der Humplik-Kur speisen und sonst frei nach Herzenslust essen.

9 Sollte es zu einer neuerlichen Gewichtszunahme kommen, kann diese leicht ausgeglichen werden, indem Sie wieder einige Tage hindurch die Grundform der Humplik-Kur durchführen.

10 Die Häufigkeit des Essens sollte notiert werden (siehe Tabellen Seite 124/125). Frühstück, Mittagessen, Abend-essen, Jausen und Kleinigkeiten zwischendurch werden alle als jeweils „1" gezählt und als Kreuzchen eingetragen. Sie essen, mindestens 10 mal täglich, wenn möglich öfter. Je öfter und je mehr desto besser. Der Appetit sollte immer berücksichtigt werden.

11 Wiegen Sie sich nur einmal pro Woche, sonst beginnen Sie einen sinnlosen Wettkampf mit der Waage. Die Gewichtsabnahme ist nämlich nicht an jedem Tag gleich groß.

12 In das Diagramm für die Gewichtsabnahme mit der Humplik-Kur (siehe Ende des Buches) werden Datum, Gewicht und Körpermaße regelmäßig eingetragen. Es ist auch Platz für Laborwerte und den Blutdruck. Die Eintragungen sollen nur 1 mal pro Woche, gerechnet vom Beginn der Diät an, immer am gleichen Wochentag erfolgen; die einzige Ausnahme ist der 3. Tag, da an diesem die Testdiät endet. Das ausgefüllte Diagramm von Herrn S. (siehe Seite 126/127) zeigt ungefähr, wie dies gemacht wird. (Erwähnenswert ist, daß Herr S. vor der Humplik-Kur gewohnt war, 3 bis 4 mal täglich zu essen.)

Gutes Gelingen!

SCHEMA DER HUMPLIK-KUR

(Beispiel / Teil 1)

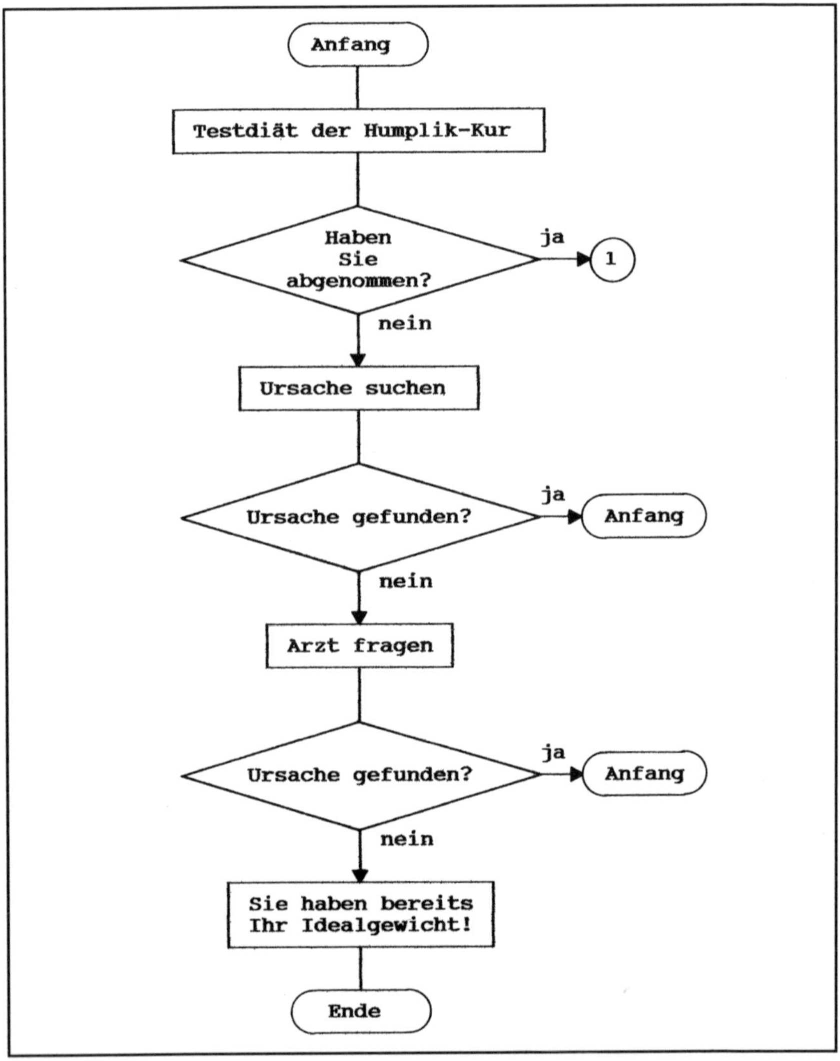

SCHEMA DER HUMPLIK-KUR
(Beispiel / Teil 2)

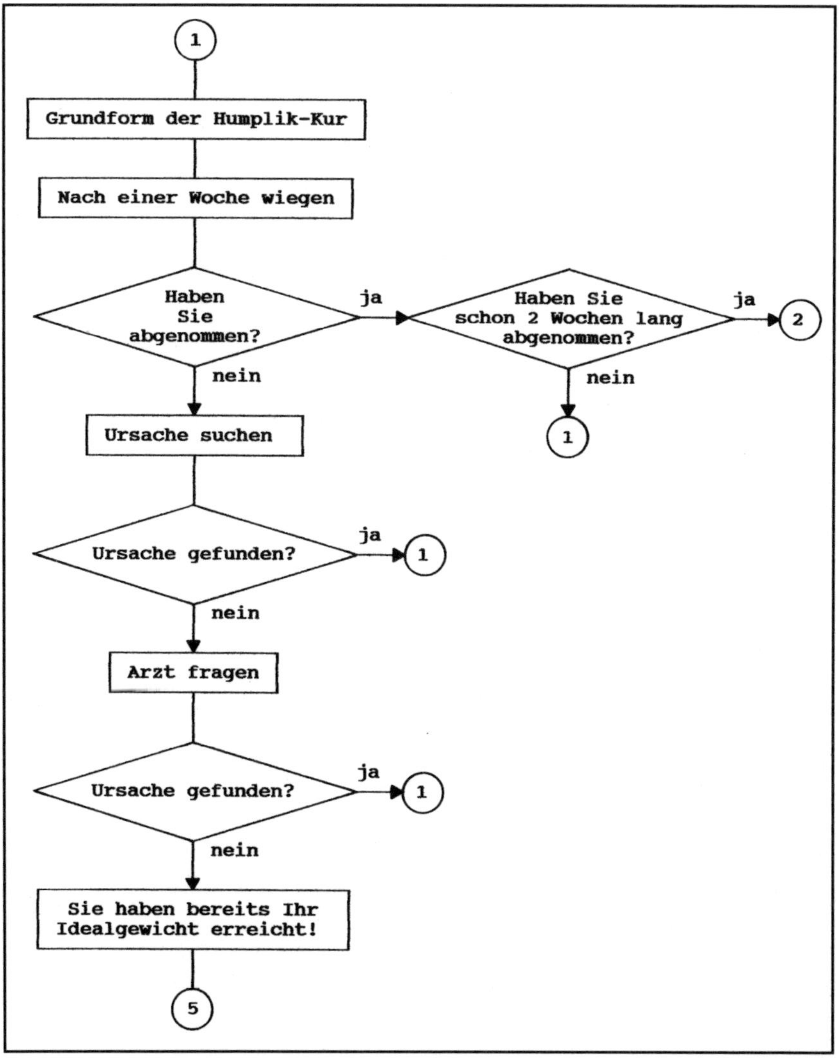

SCHEMA DER HUMPLIK-KUR
(Beispiel / Teil 3)

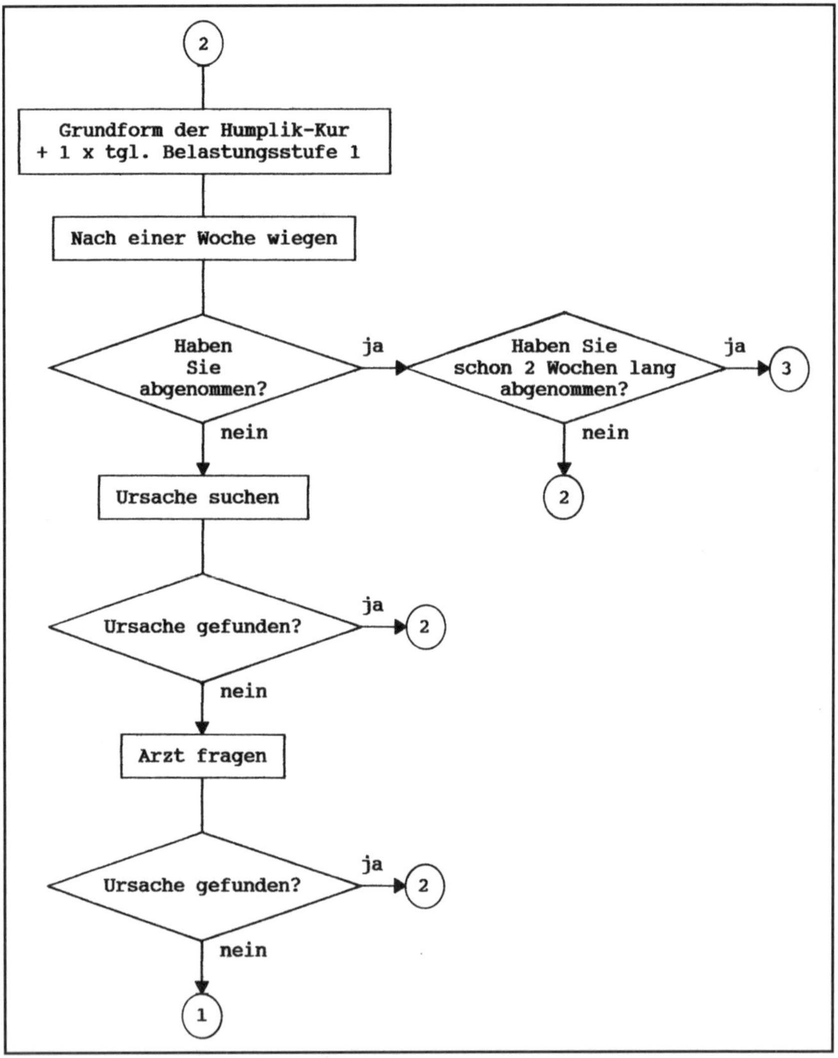

SCHEMA DER HUMPLIK-KUR
(Beispiel / Teil 4)

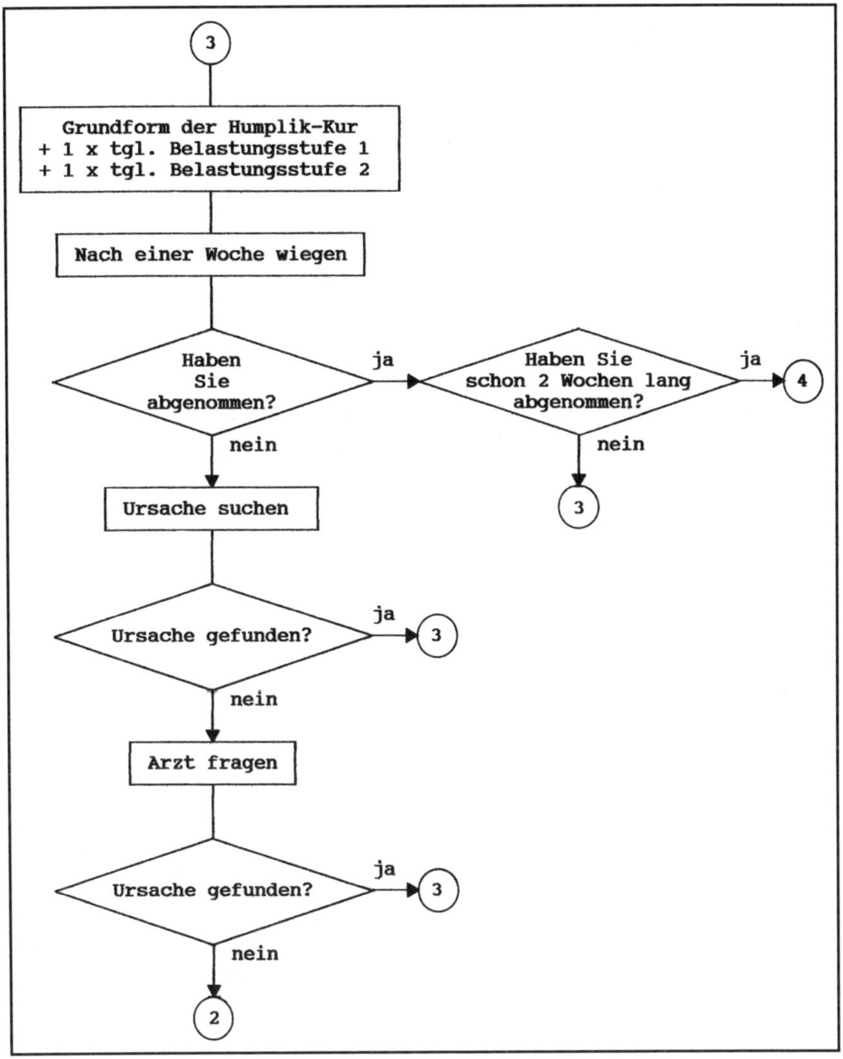

SCHEMA DER HUMPLIK-KUR

(Beispiel / Teil 5)

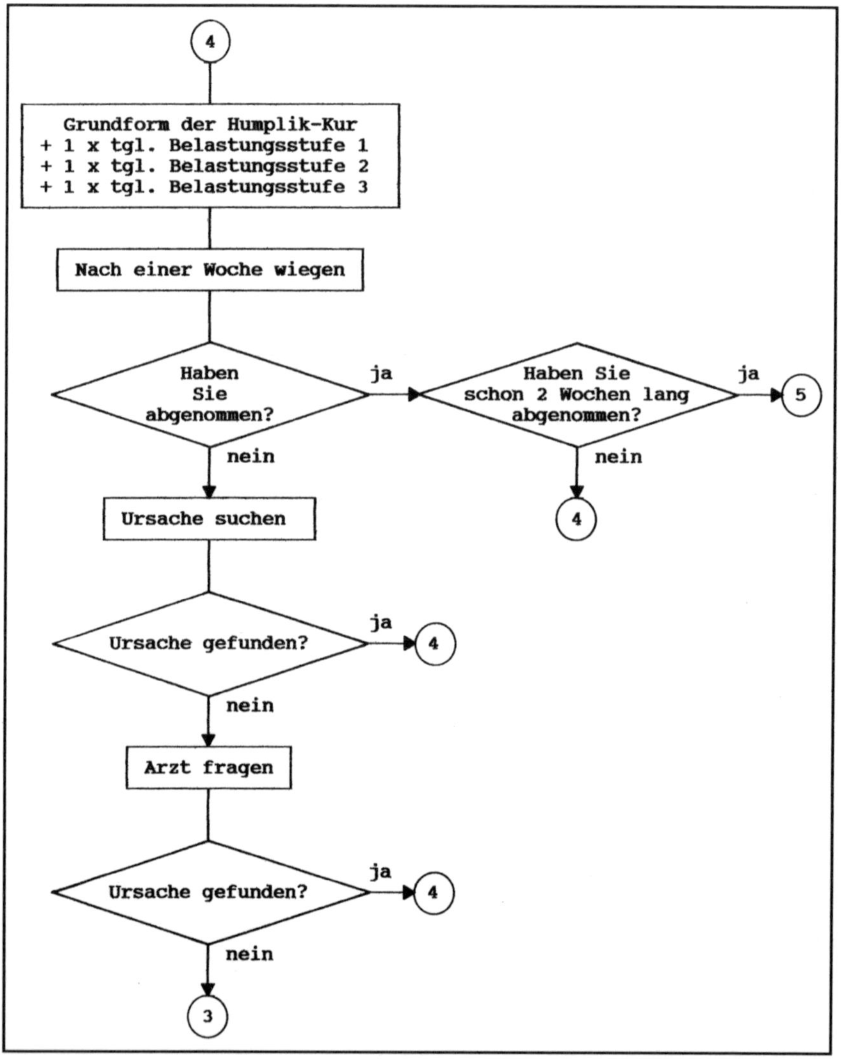

SCHEMA DER HUMPLIK-KUR
(Beispiel / Teil 6)

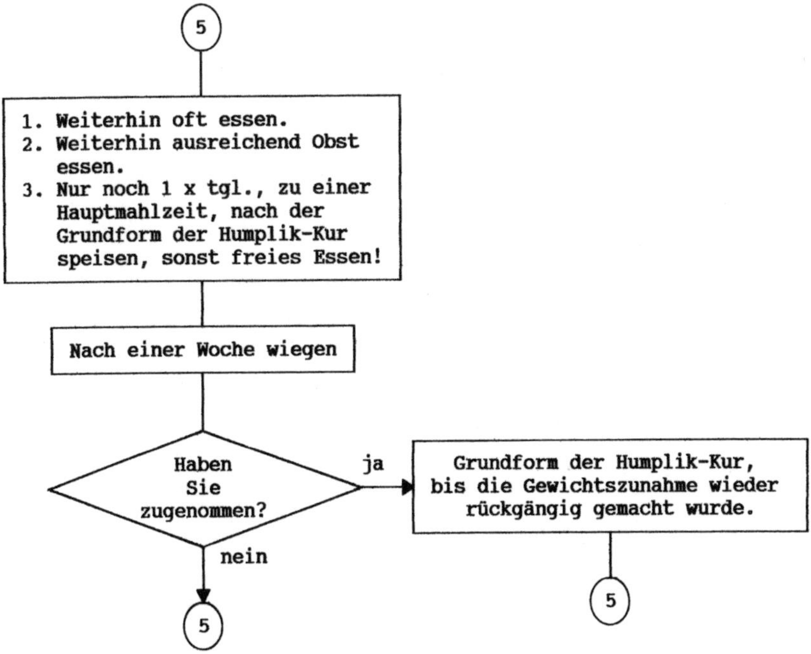

So oft esse ich ! Monat/Jahr ....

Wochentag	1	2	3	4	5	6	7	8	9	10	11	12	13	14	15	16	17	18	19	20
1.																				
2.																				
3.																				
4.																				
5.																				
6.																				
7.																				
8.																				
9.																				
10.																				
11.																				
12.																				
13.																				
14.																				
15.																				
16.																				
17.																				
18.																				
19.																				
20.																				
21.																				
22.																				
23.																				
24.																				
25.																				
26.																				
27.																				
28.																				
29.																				
30.																				
31.																				

So oft esse ich ! Monat/Jahr ....

Wochentag	1	2	3	4	5	6	7	8	9	10	11	12	13	14	15	16	17	18	19	20
1.																				
2.																				
3.																				
4.																				
5.																				
6.																				
7.																				
8.																				
9.																				
10.																				
11.																				
12.																				
13.																				
14.																				
15.																				
16.																				
17.																				
18.																				
19.																				
20.																				
21.																				
22.																				
23.																				
24.																				
25.																				
26.																				
27.																				
28.																				
29.																				
30.																				
31.																				

So oft esse ich ! Monat/Jahr ....

Wochentag	1	2	3	4	5	6	7	8	9	10	11	12	13	14	15	16	17	18	19	20
1.																				
2.																				
3.																				
4.																				
5.																				
6.																				
7.																				
8.																				
9.																				
10.																				
11.																				
12.																				
13.																				
14.																				
15.																				
16.																				
17.																				
18.																				
19.																				
20.																				
21.																				
22.																				
23.																				
24.																				
25.																				
26.																				
27.																				
28.																				
29.																				
30.																				
31.																				

So oft esse ich ! Monat/Jahr ....

Wochentag	1	2	3	4	5	6	7	8	9	10	11	12	13	14	15	16	17	18	19	20
1.																				
2.																				
3.																				
4.																				
5.																				
6.																				
7.																				
8.																				
9.																				
10.																				
11.																				
12.																				
13.																				
14.																				
15.																				
16.																				
17.																				
18.																				
19.																				
20.																				
21.																				
22.																				
23.																				
24.																				
25.																				
26.																				
27.																				
28.																				
29.																				
30.																				
31.																				

DIAGRAMM
FÜR GEWICHTSABNAHME MIT DER HUMPLIK-KUR

Im oberen Teil dieses Blattes können Sie Ihr Gewicht eintragen. Sie wiegen sich zu Beginn der Diät und weiterhin im Abstand von einer Woche. Auch am Nachmittag des 3.Tages abwiegen! Die Eintragungen verbinden Sie mit Linien und so erhalten Sie eine abfallende Strecke. An den Tagen, an denen Sie sich abwiegen, tragen Sie in die Tabelle im unteren Teil des Blattes das Datum und Ihre Körpermaße ein; Sie haben auch Platz für eventuell erhobene Laborwerte. Durch Ihre Angaben erhalten Sie einen anschaulichen Überblick über die Zeit der Gewichtsabnahme und werden sich über Ihre Fortschritte mehr freuen können!

Größe: 169 cm

Ausgangsgewicht: 90 kg

Empfohlenes Gewicht: 72 kg

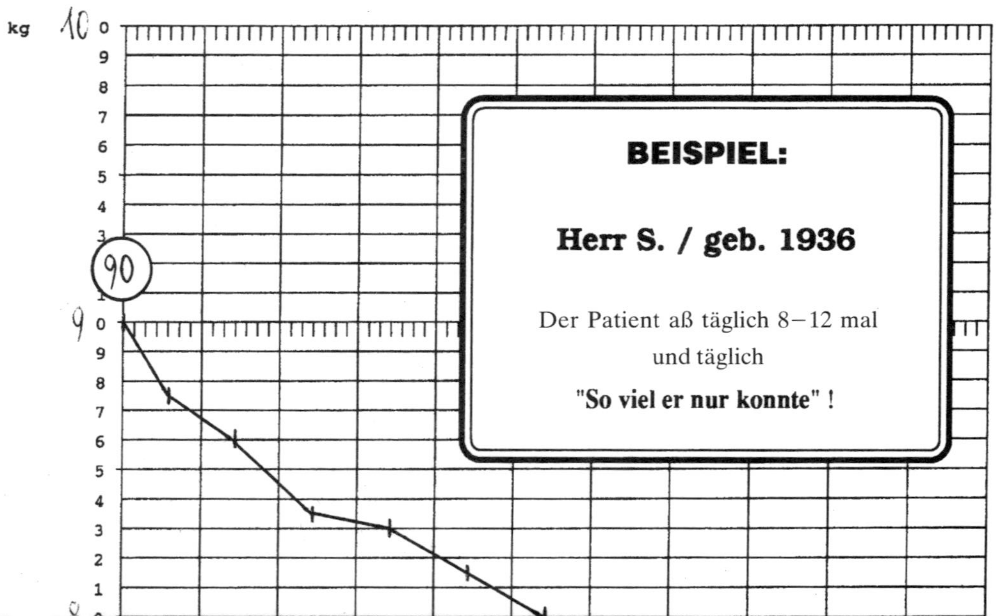

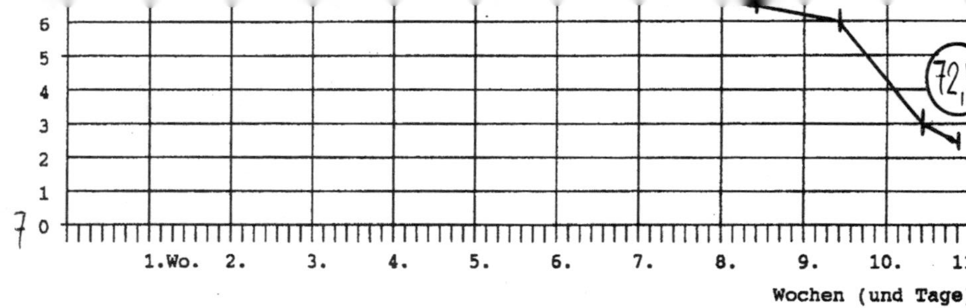

	Diät-beginn	Am 3.Tag	Nach 1 Woche	Nach 2 Wochen	Nach 3 Wochen	Nach 4 Wochen	Nach 5 Wochen	Nach 6 Wochen	Nach 7 Wochen	Nach 8 Wochen	Nach 9 Wochen	Nach10 Wochen	Nach11 Wochen
Datum (199)	25.11.	29.11.	5.12.	12.12.	19.12.	26.12.	2.1.	9.1.	16.1.	23.1.	30.1.	6.2.	9.2.
Gewicht	90	87,5	86	83,5	83	81,5	80	79	77	76,5	76	73	72,5
Maße: Brust	109	112	110	109	109	109	108	105	104	103	104	102	101
~~Taille Frau~~													
Bund -Mann	107	104	103	103	101	98	98	93	92	92	91	89	87
Hüfte	108	106	104	102	102	100	100	98	98	98	98	96	95
Oberschenkel	54	53	55	55	55	50	52	49	52	50	53	53	50
Wade	39	39	38	38	39	37	36	36	38	36	37	36	36
Oberarm	37	36	34	34	34	33	33	34	33	32	33	31	31
Laborwerte													
Blutzucker													
Cholesterin													
Triglyceride													
Harnsäure													
Blutdruck													

SO WERDEN SIE ERFOLGREICH SEIN:

Diät genau einhalten !

Keinen Gedanken an Kalorien verschwenden !

Täglich möglichst häufig essen! Kreuzchen eintragen.

Täglich möglichst viel essen – so viel wie es der Appetit zuläßt !

Immer den Appetit berücksichtigen:

Ist Appetit da: Essen !

Ist wirklich kein Appetit vorhanden: Nicht essen !
Aber spätestens nach 2 Stunden muß gegessen werden !

Nicht eintönig essen ! Für Abwechslung sorgen !

Genug Obst essen !

Wöchentlich eintragen: Datum, Gewicht, Körpermaße.